正大光明

私叔五典無輕民事惟難

惟精惟一遵祖千厥躬

史聿克仁董庸與前坡

泰正萬邦撰嚴身僑恩永

古往今來

歷代更替與王朝千秋

鐘雙德 編著

崧燁文化

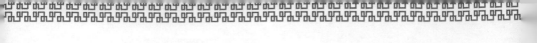

目錄

古往今來：歷代更替與王朝千秋

目錄

近世時期 王朝盛衰

序 言 古往今來

文化是民族的血脈，是人民的精神家園。

文化是立國之根，最終體現在文化的發展繁榮。博大精深的中華優秀傳統文化是我們在世界文化激盪中站穩腳跟的根基。中華文化源遠流長，積澱著中華民族最深層的精神追求，代表著中華民族獨特的精神標識，為中華民族生生不息、發展壯大提供了豐厚滋養。我們要認識中華文化的獨特創造、價值理念、鮮明特色，增強文化自信和價值自信。

面對世界各國形形色色的文化現象，面對各種眼花繚亂的現代傳媒，要堅持文化自信，古為今用、洋為中用、推陳出新，有鑑別地加以對待，有揚棄地予以繼承，傳承和昇華中華優秀傳統文化，增強國家文化軟實力。

浩浩歷史長河，熊熊文明薪火，中華文化源遠流長，滾滾黃河、滔滔長江，是最直接源頭，這兩大文化浪濤經過千百年沖刷洗禮和不斷交流、融合以及沉澱，最終形成了求同存異、兼收並蓄的輝煌燦爛的中華文明，也是世界上唯一綿延不絕而從沒中斷的古老文化，並始終充滿了生機與活力。

中華文化曾是東方文化搖籃，也是推動世界文明不斷前行的動力之一。早在五百年前，中華文化的四大發明催生了歐洲文藝復興運動和地理大發現。中國四大發明先後傳到西方，對於促進西方工業社會發展和形成，曾造成了重要作用。

中華文化的力量，已經深深熔鑄到我們的生命力、創造力和凝聚力中，是我們民族的基因。中華民族的精神，也已

深深植根於綿延數千年的優秀文化傳統之中，是我們的精神家園。

總之，中華文化博大精深，是中華各族人民五千年來創造、傳承下來的物質文明和精神文明的總和，其內容包羅萬象，浩若星漢，具有很強文化縱深，蘊含豐富寶藏。我們要實現中華文化偉大復興，首先要站在傳統文化前沿，薪火相傳，一脈相承，弘揚和發展五千年來優秀的、光明的、先進的、科學的、文明的和自豪的文化現象，融合古今中外一切文化精華，構建具有中華文化特色的現代民族文化，向世界和未來展示中華民族的文化力量、文化價值、文化形態與文化風采。

為此，在有關專家指導下，我們收集整理了大量古今資料和最新研究成果，特別編撰了本套大型書系。主要包括獨具特色的語言文字、浩如煙海的文化典籍、名揚世界的科技工藝、異彩紛呈的文學藝術、充滿智慧的中國哲學、完備而深刻的倫理道德、古風古韻的建築遺存、深具內涵的自然名勝、悠久傳承的歷史文明，還有各具特色又相互交融的地域文化和民族文化等，充分顯示了中華民族厚重文化底蘊和強大民族凝聚力，具有極強系統性、廣博性和規模性。

本套書系的特點是全景展現，縱橫捭闔，內容採取講故事的方式進行敘述，語言通俗，明白曉暢，圖文並茂，形象直觀，古風古韻，格調高雅，具有很強的可讀性、欣賞性、知識性和延伸性，能夠讓廣大讀者全面觸摸和感受中華文化的豐富內涵。

肖東發

上古時期 諸侯風雲

　　春秋戰國是中國歷史上的上古時期。夏商周既是逐次更替的朝代，又是交叉並存的部族集團，在政治上都是分封制，在經濟上都是井田制，在王位繼承上都是嫡長子繼承制。它們是不可分割的，並且分別代表著中國奴隸制的形成、發展和結束。

　　夏朝的建立，代表著原始社會到奴隸制社會的歷史轉折基本完成；商朝的奴隸制已經達到鼎盛時期；春秋戰國時期，奴隸制處在前所未有的變革之中。隨著諸侯兼併的結束，華夏文明已經露出「大一統」的曙光。

▋第一個奴隸制王朝夏朝

　　夏朝的建立者是禹。夏朝是中國歷史上的第一代奴隸制王朝，史稱「夏」。

　　夏朝政權存在的時間，大約在西元前二〇七〇年至西元前一六〇〇年間，共傳承十四代，產生十七位帝王。後來，夏朝在末代帝王夏桀時被商湯所滅。

　　夏朝的建立，開創了中國近四千年君主世襲的先河。夏朝作為我中上古三代的開始，為華夏文明的發展打下了良好的基礎，開創了中國歷史的先河。

　　隨著中國古代原始氏族社會組織的逐漸解體，聚居在中原地區黃河中下游兩岸的夏部族逐漸興盛起來。夏部族生活

的地方，是中國原始先民的主要活動區域，也是夏王朝的統治中心地帶。

西起河南省西部和山西省南部；東至河南省、山東省和河北省三省交界處；南起湖北省，北至河北省。當時夏的勢力延伸到黃河南北，甚至長江流域。

在當時，夏部族為了與周圍其他部族爭奪聯盟首領地位，曾發生過頻繁的戰爭。夏部落首領禹因治水有功，得到了虞舜的重用並最終將部落聯盟首領之位禪讓於他。

在大禹治水的過程中，留下了許多感人的事跡。相傳他借助自己發明的原始測量工具——準繩和規矩，走遍了大河上下，用神斧劈開龍門和伊闕，鑿通積石山和青銅峽，使河水暢通無阻。他治水居外十三年，三過家門而不入，連自己剛出生的孩子都沒工夫去愛撫，他不畏艱苦，身先士卒，腿上的汗毛都在勞動中被磨光了。

傳說大禹治水後，劃神州大地為九州，他要在每個州都立一個扶正祛邪的紀念物，於是蒐集天下青銅鑄成九鼎，每一鼎代表一個州。他在每件鼎上都刻著助人行善的神、害世傷民的鬼蜮等各種各樣的形象，讓每個人都牢記這些形象，從而可以辯識世間的一切好與壞，善與惡，讓每人以此為德行標誌，照此做人行事。從此，九鼎就成為國家政權的象徵。

九鼎鑄造代表著中國歷史告別石器時代進入青銅時代，告別野蠻狀態進入文明時期，告別氏族部落組織邁進王朝更迭的階級社會，具有開天之功。九鼎此後在夏商週三代的權力嬗變中，一直作為王朝的傳國之寶，祀於廟堂。

禹在取得首領地位後，又對三苗民族發動戰爭，將其驅趕到現在的湖北省西北與河南省交界處的丹江與漢水流域，進一步鞏固了王權。

禹在征伐三苗時，就指揮了一支數量不小的軍隊，並且有嚴密的組織和權威。禹在出征前曾統率眾多的邦國君長舉行「誓師大會」，他在會上說：「天下郡國，都必須聽從我的命令，誰敢不聽，蠢蠢亂動，譬如三苗，我就要奉行天命，予以征伐。」

結果，不到一個月的時間，三苗就被打得落花流水，又過了一個多月，三苗族便服服貼貼地前來納貢稱臣了。從《左傳·昭公六年》中記載：「夏有亂政，而作禹刑」來看，禹統治時期就已經有刑法了。

隨著中原及周邊諸族對夏王朝的臣服，禹成功地維護了王權的世襲。

禹去世後，他的兒子啟繼承王位。這種廢「禪讓」而實行父傳子的王位繼承方式，引起了夏朝爭奪王位的激烈鬥爭。東方偃姓集團首領伯益，首先起來反對啟，佔據王位，結果伯益被啟打敗。

西方的同姓邦國有扈氏也曾起兵反對啟繼承王位，啟親率大軍進行討伐。他與有扈氏在甘地大戰，有扈氏最後戰敗。

啟經過鞏固王位的激烈鬥爭，確立了王位世襲制。於是，眾多邦國首領都聚集到陽翟，就是現在的河南省禹縣境內，向啟朝會，啟就在禹縣南的鈞臺舉行宴會。這就是歷史上有

名的「鈞臺之享」。這是中國古代歷史上第一次「開國大典」
和「國宴」。

　　啟做了王以後，改變了當年簡樸的做法，生活上開始腐
敗起來。他整天在王宮裡喝酒玩樂，或者帶著一幫人外出打
獵。腐敗的生活縮短了他的壽命，很快他就死去了，他的大
兒子太康繼承了王位。

　　誰知，太康從小就跟著他父親啟，早已學會了喝酒、打
獵，生活比啟更加腐敗。做了王以後，他丟掉國家大事不管，
帶著家裡人和親信到洛水北岸去打獵，一去就是幾個月，快
樂得都忘了回家。

　　此時，東夷族首領叫做后羿，他是個百發百中的射箭能
手。后羿看到太康長期出外打獵，丟下國家大事不管，引起
老百姓的怨恨，就乘機奪取了夏朝的首都安邑，也就是後來
的山西省安邑縣境內。不讓太康回來，史稱「太康失國」。

　　后羿代夏是夏王朝前期的一場重大的權力之爭，致使夏
王朝的統治面臨著嚴重的危機。

　　太康失國後不久死去，族人立他的弟弟中康，流落於洛
水附近。中康死後，其子姒相被迫逃往帝丘，即今河南省濮
陽。這裡有他的同姓諸侯斟鄩氏以及斟灌氏。

　　後來，后羿被部下寒浞除掉，寒浞代夏。寒浞為防止夏
的勢力復興，就加緊了對夏遺臣姒相勢力的追剿。最後滅掉
姒相，並征服了相的同姓諸侯。

　　然後封自己的兒子澆於過，即今山東省掖縣北，或疑在
今河南省太康縣東南；封豷於戈，即在宋、鄭間，約當今豫

中偏東部，以控制東方。當寒浞攻殺姒相之時，姒相的妻子后緡東逃至魯西南母家有虞氏之地，生下遺腹子少康。

少康長大後做了河南虞城有虞氏的庖正。有虞氏的君主虞思把二女兒嫁給少康為妻，並把嵩山附近的綸邑這個地方分封給少康。當時少康「有田一成，眾一旅」，他於是積極爭取夏的民眾，準備復國。

少康在斟鄩氏和斟灌餘下民眾的協助下，滅掉了寒浞和他的兒子澆和豷，從而結束了后羿與寒浞四十年左右對夏的統治，恢復了夏王朝的政權。這就是歷史上有名的「少康復國」。

夏朝經過較長一段時間的中興穩定局面後，到第十四位帝王孔甲在位時，內部矛盾日趨激化。從孔甲帝王開始，經過夏皋與夏發兩個帝王，直至夏桀，整個夏朝都內亂不止。特別是到了夏桀，他是一個暴君。他不用賢良，不憂恤民眾，百姓都難以忍受。後來，夏朝的一方之長湯興兵討伐夏桀。夏桀眾叛親離，最後死去。

至此，中國歷史上第一個世襲王朝夏朝滅亡了。

閱讀連結

傳說在帝堯時期，黃河流域經常發生洪水。於是鯀來負責治理工作。他採用築堤圍堵的辦法以防洪水，治水九年而沒有成功，最後被放逐了。

舜帝繼位以後，任用鯀的兒子禹治水。禹總結了他父親的治水經驗教訓，改圍堵為疏導的辦法，把洪水引入疏通的

河道、窪地或湖泊，然後合流通向四海，從而平息了水患，讓百姓過上安居樂業的日子。

　　禹因為治水有功，舜便把女兒嫁給了他，後來還把帝位禪讓給了他，禹因此成為了夏朝第一代帝王。

▎奴隸制鼎盛的王朝商朝

　　商朝的建立者是湯，他去世後被諡封為「成湯」。商朝又稱為「殷」、「殷商」，它從西元前一六〇〇年至西元前一〇四六年，前後相傳十七世三十一王，至商紂王時被周武王所滅，前後延續了六百餘年。

　　商朝是中國歷史上的第二個朝代，是中國第一個有直接的同時期文字記載的王朝。

　　商朝的農業、手工業迅速發展起來。出現了黍、稷、稻、麥等糧食作物和桑、麻、瓜果等經濟作物，經濟發展加快，私有制度進一步完成，商朝由此走向了奴隸制度佔主要地位的時代，並開創了奴隸制度的社會。

　　湯姓子名履，世稱商湯、武湯、天乙、成唐，甲骨文稱唐、大乙，又稱高祖乙。他原來是夏朝的方伯，管理著亳這個地方，亳就是現在的河南省商丘。由於他愛護百姓，施行仁政，所以深得民眾的擁護，以至於周圍的一些小國也前來慕名歸附，其勢力便迅速強大起來。

　　夏末時，夏帝王桀殘暴無道，國內日趨動盪不安，湯見其形勢便產生了代夏的雄心。於是，他開始實行滅夏的計劃。

湯先滅掉了商附近的一小國葛國，接著不久，經過十一次的出征，滅掉了夏王朝的三個重要同盟國家豕韋、顧和昆吾。大約在西元前一六○○年左右，湯聯合各方國和部落征伐夏桀。在「鳴條之戰」中，湯俘獲了對戰爭毫無準備的夏桀。

緊接著，湯在三千名諸侯的擁戴下登上帝王之位，在亳建都，宣告商王朝的成立。

商朝建國後國都頻繁遷移，湯王盤庚時，遷都於殷，即今河南省安陽市，此後穩定下來，在殷建都達兩百七十三年。商朝也因此又稱為「殷」或「殷商」。

其統治區域北至蒙古，東北至遼寧和朝鮮半島，南至湖北、湖南、江西、福建等，西至於甘肅新疆，東至海濱東海。

湯吸取了夏桀的教訓，他廣施仁政，深得民心，商朝政權得到了初步鞏固。商朝的農業、手工業迅速發展起來，經濟步伐加快，私有制度進一步完成，商朝走向了奴隸制度佔主要地位的時代。這就是歷史上的「商湯革命」時期。

商朝的農業比較發達，出現了黍、稷、稻、麥等糧食作物和桑、麻、瓜果等經濟作物。已經使用多種穀類進行釀酒。

手工業也相當發達，能夠鑄造精美的青銅器和白陶、釉陶，各種常用的器具和禮器、酒器十分精美。著名的司母戊鼎，就是其中的傑出代表。物品交換也逐漸擴大起來，並且出現了規模較大的早期城市。

古往今來：歷代更替與王朝千秋

上古時期　諸侯風雲

　　商朝強盛時期的疆域東邊到了大海邊，西邊到達現在的陝西省東部，北邊到達現在的河北省的北部，南邊發展到了長江岸邊，成為那個時期世界上的文明大國。

　　商朝已經進入了中國有文字記載的歷史時期，出現了甲骨文。甲骨文是中國目前發現的時代最早、體系較為完整的古代文字。甲骨文上反映了商朝對於天文天象的記載和對於干支記時法的運用等。

　　據考古資料看，東南和華南地區分佈於長江下游兩岸的「湖熟文化」、江西北部的「吳城文化」、西南地區四川境內的「巴蜀文化」以及北方內蒙古、遼寧的「夏家店下層文化」等，都不同程度地受到了商文化的影響。

　　太甲繼承王位後，不遵守先前的法令，並胡作非為，伊尹便把他放逐到桐這個地方。等到太甲悔過了，伊尹又親把太甲迎接回來繼續執政，商朝的統治又呈現出清明氣象。

　　自從盤庚把都城遷到殷這個地方，商朝的國勢又開始上升。武丁繼承王位後，他大力選拔人才，任用傅說、甘盤、祖己等賢能志士，征服了周圍的各方國，極大地擴充了商朝的疆域和人口，為生產的發展創造了條件。

　　這段時間，商朝的政治、經濟、文化都有了空前發展，達到商朝後期的鼎盛時期，史稱「武丁中興」。武丁之後的商朝，開始逐漸走向了衰亡。武丁的兒子祖庚、祖甲相繼繼承王位後，在政治上沒有才能，又荒淫無道，致使社會混亂，民不聊生。

商朝的最後一個帝王是商紂王，他的名字又叫帝辛。紂王喜歡飲酒，他就在地上挖個池子，並在池子中注滿了酒，然後在酒上行船。紂王同姬妾親眾在池上划船飲酒。

他還大興土木，建造了一座鹿臺。地基就有一百五十米見方。他把搜刮來的金銀珠寶和美女們聚集在臺上，宴飲狂歡，長達七日七夜，以至君臣姬妾都忘了日月時辰。

紂王特別寵愛一個叫妲己的女人。妲己淨想出一些餿主意，慫恿紂王做一些傷天害理的事。例如，她叫商紂王用一種炮烙的殘酷刑罰來懲治那些反對他的人。炮烙就是用炭火把銅柱燒熱後，強迫人在銅柱上爬，掉下來被熊熊燃燒的炭火活活燒死。

紂王的暴政，使得商朝的統治再也維持不下去了。治理岐山的周武王在姜尚和叔父周公旦的協助下決定進攻商朝。

西元前一〇六六年，周武王率領兵車三百輛，近衛軍武士三千人，士卒四萬五千人，會合各小國部隊，從孟津出發，向商朝都城朝歌進軍。

周武王在牧野，豎起伐紂大旗，在誓師大會上，歷數紂王腐敗荒淫、兇殘殘暴的種種罪惡，然後指揮大軍向商軍進攻。

因為商朝的軍隊主力當時正在東南地區跟東夷打仗，一時調不回來。紂王只好臨時把大批奴隸武裝起來，湊上七十萬人，開赴前線，抵抗周軍進攻。

在「牧野之戰」中，當周軍和商軍擺開陣勢，準備廝殺時，商朝軍隊在陣前紛紛起義，掉轉戈矛和周軍一起殺向商紂王。紂王大敗，帶著少數衛士逃回朝歌。

「牧野之戰」的失敗，使商紂王看清了商朝末日即將來臨，他就在鹿臺點火自焚了。至此，中國歷史上奴隸制鼎盛的商王朝滅亡。

閱讀連結

商湯重視人才。他手下有個廚師叫伊尹，伊尹見湯是個賢德的君主，便向他提出自己的治國主張。

一次，伊尹借湯詢問飯菜的事，說：「做菜既不能太鹹，也不能太淡，要調好作料才行；治國如同做菜，既不能操之過急，也不能鬆弛懈怠，只有恰到好處，才能把事情辦好。」

商湯聽了，很受啟發，當即命伊尹為阿衡，即宰相。在商湯和伊尹的經營下，商湯的力量開始壯大，終於滅掉無道的夏桀，建立了新政權。

這就是「治大國若烹小鮮」的故事。

▌奴隸制走向衰亡的西周

西周是由周文王之子周武王姬發滅商後所建立，定都於鎬京和豐京，即今陝西省西安市西南。西周王室東遷洛邑後，歷史上將東遷之前這一時期的周朝稱為西周。西周政權的存在時間為西元前一〇四六年至西元前七七一年，共傳十二王，歷時兩百七十五年。

西周是中國奴隸社會的鼎盛時期，周文王時期勢力逐步強大。武王繼位，西周建立。透過宗法制和分封制，使周王朝成為地域空前廣大的奴隸制國家。

　　西周是中國第三個也是最後一個世襲奴隸制王朝。在西周時期，境內各個民族與部落不斷融合，成為現代各民族的前身。

　　周原是商王朝統治下西面的一個方國，傳說是帝嚳的後裔，屬於姬姓之族。姬姓的周族經歷了好幾代，傳到古公亶父時，他將周族遷到岐山南面。岐山位於現在的陝西省西部。

　　古公亶父在這裡興建城邑，疆理田地，很快就使周呈現出一片繁榮的景象。而岐山也就成為了周室肇基之地，是周文化的發祥地。

　　有了雄厚的經濟基礎，周的軍事力量也很快增強。散居在岐山西北一帶西戎諸部落，都被周人擊敗逃走；附近的一些小邦，也紛紛歸服於周。古公亶父在岐山把周發展成了一個新興的強大勢力。

　　古公亶父之子季歷繼位後，進一步展開對西北諸戎部落的進攻，並取得重大勝利，成為商王朝西面的強族。

　　周人勢力的迅速發展，更加劇了與商王朝的矛盾。商王文丁竟殺死季歷。季歷被殺後，他的兒子姬昌繼立。

　　姬昌連續征伐犬戎、密須、黎、邗，最後攻滅後來陝西長安西北的崇國，並在崇國的酆水西岸興造豐邑，而且把都城搬遷到那裡。這時，關中平原全部為周所有，周國已經相當強大，但在名義上仍然是商朝管理下的一個諸侯國。

上古時期 諸侯風雲

　　面對周人不斷壯大的勢力，商王朝君臣不安。商紂王的親信崇侯虎向商紂王進讒言，說周人勢力太大恐怕不利於商王。於是，商紂王趁姬昌來朝獻地未歸，將姬昌囚禁在羑里。

　　後來姬昌的屬臣為營救他出獄，搜求美女、寶馬和珠玉獻給商紂王。於是，商紂王下令放姬昌出獄，並封他為西伯侯。

　　姬昌出獄後，下定決心滅商。他禮賢下士，勵精圖治，發展生產，使西周擁有了更多的土地和人口。他去世後，他的兒子姬發繼承他的地位，這就是周武王。周武王為了完成父親滅商的遺願，加緊籌備，決心滅掉商紂王。

　　這時的商紂王已經越來越殘暴了，他殺死了比干，囚禁了箕子，商朝矛盾急遽激化。於是，周武王在繼位的第二年，帶領軍隊到商都附近的孟津演練軍隊，以試探商朝虛實。這就是有名的「孟津觀兵」。周武王發現時機還不夠成熟，就暫時撤了回來。

　　西元前一〇四六年初，周武王認為時機已到，就率軍到了孟津，與諸侯相匯合，並發表誓詞，聲討商紂王的罪行。誓師之後，周武王率諸侯聯軍揮兵東進，與商紂王的軍隊在牧野決戰。

　　此役一戰定乾坤，商朝被滅亡了。

　　周武王攻克商都後，把商朝畿內劃分為邶、鄘、衛三國，就把邶國封給紂王的兒子武庚，鄘國和衛國就由周武王的弟弟管叔鮮和蔡叔度分別管理。然後，他帶領軍隊西歸，回到

他新遷的都邑鎬京舉行盛大典禮，正式宣告周朝建立。並追封姬昌為「周文王」。

西周滅商後，佔領了東方大片地區，建立起一個東自大海，西抵羌戎，北達鬼方，南至荊楚的龐大的奴隸制國家。

西周初年所封諸侯，均由中央控制。西周分封，是以宗法血緣關係為基礎，建立起周天子統轄下的地方行政系統，從而在一定時期內造成了加強周王朝統治的作用。

分封制還為維護天子、諸侯、卿、大夫、士這一等級序列的禮制的產生，提供了重要前提。

周武王去世後，太子姬誦繼承王位，這就是周成王。周成王年幼，就由曾經輔佐武王克商的周公旦代理朝政。周公旦制禮作樂，不僅使當時的各種儀式更加規範，也奠定了後世「禮」的基礎。

西周在周成王姬誦、周康王姬釗相繼在位的四十餘年間，形成了安定強盛的政治局面，國力強盛，經濟繁榮，文化昌盛，社會安定，刑具一直不曾動用過。後世將這段時期的統治譽稱為「成康之治」。

在周康王之後，西周王朝又經歷了姬滿、姬繄扈、姬囏、姬辟方、姬燮、姬胡和姬靜諸王。其後即位的周幽王姬宮涅是個荒淫無道的昏君，因而導致西周王朝內外交困。

周幽王有個大臣名褒珦，他見國勢已呈衰勢，就勸諫幽王奮發圖強，以解國困。周幽王非但不聽，反而把褒珦關押起來。褒珦的族人為了救他出來，就把名震一方的美人褒姒，獻於好美色的幽王，替褒珦贖罪。

古往今來：歷代更替與王朝千秋

上古時期 諸侯風雲

　　周幽王見了褒姒，非常喜愛，馬上立她為妃，同時也把褒珦釋放了。褒姒雖然生得豔如桃李，卻冷若冰霜，自進宮以來從未笑過。周幽王為了博得褒姒的開心一笑，不惜點燃烽火，以其引得褒姒一笑。

　　烽火本是古代敵寇侵犯時的緊急軍事報警信號。諸侯見了烽火，知道京城告急，天子有難，必須起兵勤王，趕來救駕。但昏庸的周幽王為博美人一笑，竟然帶著褒姒登上驪山烽火臺，命令守兵點燃烽火。一時間，狼煙四起，烽火沖天。

　　各地諸侯一見警報，以為犬戎打過來了，果然帶領本部兵馬急速趕來救駕。到了驪山腳下，只聽到山上一陣陣奏樂和唱歌的聲音，一看是天子和愛妃高坐臺上飲酒作樂，才知道被戲弄了，各個懷怨而回。

　　褒姒見千軍萬馬招之即來，揮之即去，如同兒戲一般，禁不住嫣然一笑。周幽王一見之下，發現褒姒笑容似桃花盛開，立時大喜。

　　周幽王為進一步討褒姒歡心，又罔顧老祖宗的規矩，廢黜王后申氏和太子宜臼，冊封褒姒為後，褒姒生的兒子伯服為太子，並下令廢去王后的父親申侯的爵位，還準備出兵攻伐他。

　　申侯得到這個消息，先發制人，聯合犬戎兵馬，於西元前七七一年進攻鎬京。周幽王聽到犬戎進攻的消息，驚慌失措，急忙命令烽火臺點燃烽火。

　　烽火倒是燒起來了，可是諸侯們因上次受了愚弄，這次都不再理會。而鎬京守兵本就怨恨周幽王昏庸，這時也都不

願效命，犬戎兵一到，便勉強招架了一陣以後，一哄而散。犬戎兵馬蜂擁入城。

周幽王帶著褒姒、伯服，從後門倉皇出逃，奔往驪山。不料，他們逃不多遠，犬戎兵追了上來，見周幽王穿戴著天子服飾，知道就是周天子，就當場將他砍死。又從褒姒手中搶過太子伯服，一刀將他殺死，只留下褒姒一人做了俘虜，還有傳說她也被殺。

犬戎在攻破了西周都城，殺死了幽王後退走。至此，西周宣告滅亡。

西元前七七〇年，原來的太子姬宜臼在申侯等人擁立下即位。因鎬京已遭戰爭破壞，而周朝西邊大多土地都被犬戎所佔，周平王恐鎬京難保，就於西元前七七〇年遷都洛邑，重新立國，這就是周平王。東遷後的周朝，史稱「東周」。

閱讀連結

周武王伐紂前，有人對他說：「商朝無道，百姓都在發牢騷，我們是否要討伐他？」

周武王說：「再等。」

後來又有人對他說：「商朝無道，百姓不再發牢騷，而是破口大罵，是否應該討伐？」

周武王說：「再等。」

後來有人又向他說：「商朝百姓都不再說話了，百姓路上見面都低頭而過，面帶恐懼，不發牢騷了，也不敢交談了。」

　　周武王拍案而起，下詔即刻討伐紂王。結果周軍所到之處，商朝兵民紛紛響應，經過「牧野之戰」，武王一擊而成。

▌風雲變幻的春秋時期

　　春秋時期，簡稱「春秋」，春秋時期是因孔子修訂《春秋》而得名。屬於東周的前半期，指西元前七七〇年至西元前四七六年這段時間。自東周開始，周朝由強轉弱，王室日益衰微，大權旁落，諸侯國之間互相征伐，戰爭頻繁。小諸侯國紛紛被吞併，強大的諸侯國在局部地區實現了統一。

　　春秋時的東周王權旁落，虛有其名，實權全在勢力強大的諸侯手上，諸侯爭相稱霸，持續了兩百多年。

　　隨著七雄的並立，互相爭霸的時代逐步到來，中國歷史走向了戰國時期。春秋時期是中國奴隸社會的瓦解時期。

　　在春秋時期，一些較大的諸侯國，為了爭奪土地、人口以及對其他諸侯國的支配權，不斷進行兼併戰爭。誰戰勝了，誰就召開諸侯國會議，強迫大家公認他的「霸主」地位。先後有五位諸侯國確立了霸主地位，史稱「春秋五霸」。

　　首先建立霸業的是齊桓公。他任用管仲，改革內政，使國力強盛。採取了管仲的謀略：以「尊王攘夷」為號召，聯合燕國打敗了北戎；聯合其他國家制止了狄人的侵擾。

　　西元前六五六年，齊桓公與魯、宋、鄭、陳、衛、許、曹諸國聯軍侵蔡伐楚，觀兵召陵，責問楚為何不向周王納貢。楚見齊桓公來勢兇猛，為保存實力，許和而罷。以後，齊桓公又多次大會諸侯，周王也派人參加會盟，加以犒勞。

齊桓公成了中原霸主。他死後，齊國內部發生爭權鬥爭，國力稍衰。宋襄公想繼承齊桓公霸業，與楚較量，結果把性命都丟了。此外，齊國稱霸時的盟國魯、宋、鄭、陳、蔡、許、曹、衛等國家，這時都轉而成了楚的盟國。

正當楚國想稱霸中原之時，晉國勃興起來。晉文公整頓內政，增強軍隊，也想爭當霸主。這時周襄王被王子帶勾結狄人趕跑，流落在外。晉文公認為是「取威定霸」的好機會，便約會諸侯，打垮王子帶，把襄公送回王都，抓到了「尊王」的旗幟。

西元前六三二年，晉楚兩軍在城濮大戰，晉軍打敗了楚軍。戰後，晉文公在踐土會盟諸侯，周王也來參加，冊命晉文公為「侯伯」，即霸主。在齊國稱霸時，楚國因受齊國抑制停止北進，轉而向東吞併了一些小國，國力強盛。齊國衰落後，楚國便向北擴張與晉國爭霸。

西元前五九八年，楚莊王率軍在邲與晉軍大戰，打敗晉軍。中原各國背晉向楚，楚莊王又成為中原霸主。在此後的楚、晉兩國戰爭中，晉於西元前五七五年鄢陵大戰中大敗楚軍；於西元前五五七年湛阪大戰中，又將楚軍擊敗。楚莊王的霸主地位受到嚴重衝擊。

當晉國和楚國漸趨衰弱時，長江下游的吳、越卻先後崛起爭霸。吳王闔閭執政時，重用著名的軍事家孫武和原來的楚臣伍子胥，興兵伐楚。吳兵五戰五捷，於西元前五〇六年直搗楚國都城郢。後來，闔閭之子夫差又先後打敗越、陳、魯、宋、齊，成為諸侯間的盟主。

西元前四八二年，已是吳王的夫差在黃池會盟諸侯，爭得了霸權。

越王勾踐於西元前四九四年被夫差所敗後，一面臥薪嘗膽，積蓄力量；一面獻美女西施、鄭旦於吳王夫差。經過十數年的準備，勾踐掌握戰機，乘夫差全軍參加黃池會盟之機，乘虛而入，大敗吳師，殺吳太子，最終逼得夫差自殺，吳國就此滅亡。

這時，春秋時期行將結束，霸政已經趨於尾聲，但勾踐仍率兵渡淮，與諸侯會於徐州，成為春秋末期最後霸主。

其實，除了上述五位霸主之外，春秋時期還有幾個諸侯國登上霸主寶座。如鄭莊公、宋襄公、秦穆公、晉襄公、晉景公和晉悼公。在這些大大小小的霸主之中，秦穆公開創的霸業，為戰國末年秦統一整個中國打下了基礎。

春秋時期，各統治集團由國君的宗親或少數異姓貴族所組成。從天子到卿大夫都是實行嫡長子繼承制，次子則分封。在各諸侯國中，長子繼位後，次子或庶子為公子，公子之子為公孫，公子、公孫的家族稱公族。由於其貴族身分世代相傳，又稱之為世族。

各諸侯國管具體事務的官職有司徒、司馬、司空、司寇等，這四種官職名稱之前有的加上一「大」字。宰也是常見的官名，或稱太宰，有的諸侯國，宰的地位頗為重要。屬於師傅之官有太師、少師、太傅。以上幾種官職常由卿來擔任。

此外還有祝、宗、卜、史之類的官職，以及掌管來往貴賓的行人，管理刑獄的理或大士和尉氏，管理市場和手工業的褚師、工正和工師等。

除了政治體制外，春秋時期的經濟也有了相應的發展。鐵器已經在農業、手工業生產中使用。農業生產中使用鐵鋤、鐵斧等。鐵器堅硬、鋒利，勝過木石和青銅工具。鐵的使用，代表著社會生產力的顯著提高。

那時，也開始用牛耕地，耕作技術提高了，農業生產進一步發展起來。一些貴族把公田化為私田，讓種田的勞動者交出大部分產品，保留一部分產品。這種新的剝削方式，是後來井田制度的前身，從某種意義上說，是一種歷史的進步。

在中國春秋時期，諸侯爭霸過程中的大國兼併小國，致使諸侯國數目逐漸減少，華夏族和其他各族接觸頻繁，促進了民族融合。

閱讀連結

姬宜臼原是西周太子，周幽王在位時，寵愛褒姒，就廢黜了姬宜臼，改立他和褒姒的孩子伯服為太子。

有一天，姬宜臼在花園裡玩耍，周幽王將籠子裡的猛虎放出，打算讓猛虎將姬宜臼咬死。

姬宜臼很有膽量，當猛虎向他撲來時，他非但不驚慌，反而迎了上前去，冷不妨大吼一聲，嚇得老虎伏在地上不敢動。姬宜臼便從容離去。

　　他知道這是父王存心暗害他，就與母親申后偷偷投奔外
祖父申侯。周幽王被犬戎殺死後，姬宜臼方才重新立國。

▌群雄逐鹿的戰國時期

　　戰國時期處於西元前四七五年至西元前二二一年的東周
末期。這一時代是華夏歷史上分裂對抗最嚴重且最持久的時
代之一，因這一時期各國混戰不休，故被後世稱之為「戰
國」。

　　戰國時期，經歷了韓、趙、魏三家分晉，田氏代齊，形
成了燕、齊、楚、秦、趙、魏、韓七雄並立的局面。

　　由於秦國的商鞅變法發揮了富國強兵的重要作用，秦國
終於後來居上，逐一滅掉了其他六國，天下歸一。

　　在戰國時期，塑造了中國帝制的基本雛形，是中國君主
集權制的開始。

　　戰國時期首先經歷了「三家分晉」這一重大歷史事件。
春秋末年，東周各諸侯國通常都將公室子孫分封為大夫，各
家大夫都有封地。

　　一向稱霸中原的晉國，到了春秋末期，國君的權力逐漸
衰落，實權由六家大夫，韓、趙、魏、智、范和中行把持。

　　他們各自都有封地和武裝，互相攻打。後來其中兩家范
家和中行家被打散了，還剩下智家、趙家、韓家和魏家。當
時這四家的當權者分別是智伯瑤、趙襄子毋卹、韓康子虎和
魏桓子駒。

智伯最為強大，他想獨吞晉國，但由於時機不成熟，便採取削弱其他幾家的辦法。他以奉晉君之命為名，準備攻打越國，要每家拿出一百里的土地和戶口來給晉室，實際上都歸他自己。韓康子和魏桓子都如數交出了土地和戶口，獨趙襄子拒絕智伯的要求。

於是智伯就聯合韓、魏兩家一起攻打趙氏，並答應滅了趙家後，把趙家的所有土地和戶口由三家來平分。

西元前四五五年，智伯瑤率領中軍，韓氏的軍隊為右路，魏氏的軍隊為左路，三隊人馬直奔趙家。趙襄子知道寡不敵眾，就跑到晉陽去，以晉陽為根據地與三家對抗。晉陽是趙氏原有的領地，又經過尹鐸等人的治理經營，民心歸附，對趙襄子很有利。

智、魏、韓三家的兵馬，把晉陽圍住，雙方相持了近兩年時間。到了第三年，即西元前四五三年，智伯引晉水淹晉陽城，幾天後，城牆差幾尺就要全部被淹了。

形勢很危急，趙襄子派相國張孟乘黑夜出城，分化三家的聯盟。張孟對韓康子與魏桓子說：「唇亡齒寒，趙亡之後，滅亡的命運就要輪到你們了。」

韓、魏參戰本就不情願，又見智伯專橫跋扈，也擔心智伯滅趙後將矛頭對準自己。為了自身利益，他們決定背叛智伯，與趙襄子聯合。一天晚上，韓、趙、魏三家用水反攻智伯，淹沒了智伯的軍營，智伯駕小船逃跑，被趙襄子抓住殺掉了。智氏一族被滅後，韓、趙、魏三家平分了智氏的土地和戶口，各自建立了獨立政權。

古往今來：歷代更替與王朝千秋

上古時期 諸侯風雲

西元前四三八年，晉哀公死，晉幽公即位。這時晉國完全衰弱，畏懼權臣，反向韓、趙、魏三家行朝拜禮。韓、趙、魏於是就瓜分了晉國的土地，只把絳城和曲沃兩地留給晉幽公。從此晉君成了韓、趙、魏三家之傀儡。

西元前四〇三年，由周威烈王冊命，韓、趙、魏與晉侯並列。到西元前三七六年，韓、趙、魏聯合滅了晉國，瓜分了晉國的全部土地，晉國徹底滅亡。此即春秋和戰國的分界點。

「春秋五霸」之一的晉國在三家分晉後滅亡了，由此，奴隸社會開始向封建社會過渡，霸權政治結束了，戰國時期群雄逐鹿的序幕揭開了。「三家分晉」是歷史上具有劃時代意義的重大事件。它代表著中國奴隸社會逐漸瓦解，新興地主階級開始登上歷史舞台，從而推動了封建制度的確立。

西元前五四五年，田完四世孫田桓子與鮑氏、欒氏、高氏合力消滅當國的慶氏。這成為「田氏代齊」事件的初始。田氏代齊也叫「田陳篡齊」，指戰國初年齊國田氏取代姜姓成為齊侯的事件。

齊景公時，公室腐敗。田桓子之子田乞用大斗借出、小斗回收，使齊國百姓生活殷實，便紛紛歸屬，從而增加了戶口與實力。

西元前四八九年，齊景公死，齊國公族國、高二氏立公子荼，田乞逐國、高二氏，另立公子陽生，自立為相。從此田氏掌握齊國國政。

西元前四八一年，田乞之子田恆殺齊簡公與諸多公族，另立齊平公，進一步把持政權。又以體恤民間，賞罰分明爭取民心。

　　西元前三九一年，田成子四世孫田和廢齊康公。西元前三八六年，田和放逐齊康公於海上，自立為國君，同年被周王冊命為齊侯。

　　西元前三七九年，齊康公死，姜姓齊國絕祀。田氏仍以「齊」作為國號，史稱「田齊」。

　　至此，代表新興地主階級的田氏完全控制了齊國政權，完成了齊國由奴隸制向封建制過渡的大轉變。因此，田氏代齊不僅是齊國歷史上的一件大事，也是中國由奴隸制向封建制過渡這一歷史大變革中的一件大事。

　　三晉在戰國初期最強大，常常聯合兵力進攻其他國家。齊國自「田氏代齊」局面形成後，齊的實力暫時弱於三晉。

　　在當時，各個諸侯國為了克敵制勝，紛紛展開軍備競賽，與此同時，大力發展生產，加快經濟建設。

　　在軍備方面，七雄致力於改進武器裝備。比如韓國和楚國都以武器製作精良而著稱於當時。兵器方面的最大變化是鐵兵器開始出現。如楚國的鐵劍，燕國的鋼戟和鋼劍。另外，當時還有鐵甲和鐵盔。

　　武器中的新品種有弩，弩是在弓上安裝木臂和銅製的郭，就是利用簡單的機械將箭從弓上射出，使箭具有很強的穿透力。像韓國所造的勁弩，可把箭射到六百米以外。

此外，騎兵也得到了迅速發展。騎兵的許多長處，非其他兵種所能及，當時兵家對此已經有深刻的認識。

比如「胡服騎射」就是一例。為了便於騎戰，西元前三〇七年，趙武靈王命令將軍、大夫、戍吏都要學習胡人的短打服飾，同時也學習他們的騎馬、射箭等武藝。就是歷史上有名的「胡服騎射」。

趙武靈王實行的「胡服騎射」既是中國歷史上第一次服飾改革，也是中國古代戰爭史上的一次革命。它還增強了各民族的交往，極大地促進了民族融合。

透過軍備競賽，七個諸侯國各自都擁有了雄厚的武裝力量，少則有帶甲之士數十萬人，多則有「奮擊百萬」。作戰時可以大量出動。

在經濟建設方面，戰國時期的經濟和科技也有了前所未有的發展。以農田灌溉為重點的水利建設高潮逐漸興起，加快了農田的開發和精耕細作的傳統的形成，戰國時期農作物的產量大幅度增加。春秋時期使用的牛耕和鐵製農具在戰國得到推廣。

戰國時期的青銅工藝呈現出前所未有的景象。禮器種類有明顯變化，商代和西周盛行的酒器大量減少，蒸飪器與盛食器數量增多。樂器有編鐘，生活用具有帶勾和鏡等。其他如鑲嵌、鎏金、金銀錯、細線雕等新工藝，使戰國時期銅器的裝飾花紋富麗堂皇。此外，絲織技術、玉器雕琢、漆器製作及建築等，也有了不同程度的發展。

隨著各諸侯國軍事和經濟的發展，實力都有所增強。彼此之間的兼併戰爭更為激烈和頻繁，規模也更大。魏國是戰國初年中原的一個強國。魏國經過政治改革而國力強盛，東面屢敗齊國，又滅中山國，西面則派李悝和吳起守衛河西，一再挫敗秦人的進攻。

　　到了魏惠王的時候，魏國更加強大，從此更加緊侵伐宋、衛、韓、趙等國。但魏國軍隊在西元前三四一年的馬陵戰鬥中，被齊國的伏兵所打敗，主將太子申和龐涓都戰死，實力大為削弱。

　　秦國經過商鞅變法，國勢蒸蒸日上，不斷攻打韓國和魏國，藉以擴大秦國的疆域。西元前三三三至西元前三二八年，秦國接連擊敗魏國軍隊，魏國被迫割地求和，失去它全部河西的土地。

　　秦國對三晉威脅很大。西元前三一八年，魏國公孫衍起來聯合趙國、韓國、燕國、楚國「合縱」進攻秦國，結果被秦國打敗，將帥都被秦國俘獲。

　　秦國又不斷向西方開拓土地。西元前三一六年，蜀國有內亂，秦惠王派司馬錯一舉而把蜀國消滅，於是秦國日益強大起來，並且富強以後，開始輕視諸侯。

　　西元前三一四年，齊宣王派匡章率兵進攻燕國，僅僅五十天就把燕國滅亡。西元前二八六年，齊國消滅了具有五千乘強大實力的宋國，並迫使鄒國和魯國都向齊國稱臣，諸侯對齊國非常恐懼。

但因為齊國連年興師用眾，造成了田地荒蕪、民眾憔悴和兵士疲弊。特別是在消滅宋國以後，齊國實際上已成為強弩之末，國力未見再振。

在齊宣王打敗燕國時，齊國軍隊對燕國人肆意蹂躪，引起燕國人反抗，終於趕走齊國軍隊，但是燕國也因此而殘破。趙武靈王護送燕公子職回國繼位，就是燕昭王，燕國就復國了。燕昭王繼位以後，禮賢下士，樂毅等人都奔赴於燕國，經過二十八年而達到殷富。

西元前二八四年，燕國聯合三晉和秦國與楚國大舉征伐齊國，齊國無力抵禦。燕國大將樂毅很快攻下齊國都城臨淄，齊湣王逃走，不久被殺。齊國除了莒和即墨以外的七十多個城都成為燕國的郡縣。

楚國在春秋時是兩大強國，進入戰國後楚國已大不如以前。自從秦國和齊國強盛起來之後，楚國不斷和秦國與齊國戰爭，但是都遭遇了失敗，最後楚懷王被誘至秦國而死在了秦國。

西元前二八〇年，秦國攻下楚國的漢北地區及上庸，就是後來湖北竹山。第二年，秦國大將白起更是引兵深入，攻下鄢，次年攻佔郢都，秦國軍隊繼續南進，一直打到後來洞庭湖邊上。楚國的軍隊潰散而不戰，楚頃襄王逃跑。秦國在所佔領的楚國地域設立黔中郡和南郡。

秦國和趙國之間，曾為爭奪上黨郡而發生了有名的「長平之戰」。西元前二六〇年，趙國軍隊被困於長平，就是後來山西高平，因為絕糧而全軍投降秦國。

第二年，秦國軍隊乘勝進圍邯鄲，攻打兩年多而沒有攻下都城。後來因為魏國信陵君及其他國家派兵救援趙國，秦國才撤兵。趙國經過長平之戰和邯鄲被圍，實力大為削弱。

無數次戰爭使諸侯國的數量大大減少，到東周

後半期，實力最強的七個諸侯國分別為齊、楚、秦、燕、趙、魏和韓，這七個國家被史學家稱作「戰國七雄」。

西元前二四七年，秦王政繼位。由於秦王政採取了英明決策，秦國日漸強大，從此走上了吞併六國，統一天下的道路。

西元前二二三年，秦國大將王翦率六十萬人進攻楚國，俘虜了楚王。隨後完全攻佔了楚國領地，楚國滅亡。西元前二二二年，秦國進攻遼東，俘虜燕王喜，又攻代國而俘虜代王嘉，燕國和趙國兩國滅亡。至西元前二二一年，秦先後滅韓、魏、趙、楚、燕、齊六國，統一了天下。

隨著東周的最後一個諸侯國朝鮮被滅，周朝完全退出歷史舞台。中國歷史上第一個大一統的時代已經到來。

閱讀連結

戰國時候，有個大商人叫呂不韋的到趙國的京城邯鄲做生意。一次偶然的機會他瞭解到異人的情況，認為「奇貨可居」，便立即到秦國，用重金賄賂安國君左右的親信，把異人贖回秦國。

秦昭王死後，安國君即位，史稱孝文王，立異人為太子。孝文王在位不久即死去，太子異人即位為王，即莊襄王。

　　莊襄王非常感激呂不韋擁立之恩，拜呂不韋為丞相，封文信侯。莊襄王死後，太子政即位，即秦始皇，稱呂不韋為仲父。呂不韋權傾天下。

中古時期 興亡見證

秦漢至隋唐是中國歷史上的中古時期。始皇統一天下後，實施了持續性變革，但因秦末暴政，強大的漢軍將秦政權驅除歷史舞台。漢朝前幾任皇帝勵精圖治，使國力強盛，但漢朝則因後期腐敗而衰亡。

在經歷了三國兩晉南北朝輪番割據後，隋文帝飲馬長江，南北歸於一家，並由此開啟了隋唐盛世。

可惜的是，像大唐帝國這樣的政權，也在兩次內亂後落下帷幕。接著是五代十國這些轉瞬即逝的勢力。此後，華夏大地再次響起「統一」的腳步聲。

▌第一個大一統帝國秦朝

秦朝的建立者是嬴政，也就是「秦始皇」。其政權存在時間是西元前二二一年至西元前二〇六年。

秦朝是中國歷史上一個極為重要的朝代，它結束了自春秋起五百年來分裂割據的局面，成為中國歷史上第一個統一的、多民族的、中央集權制國家。

秦朝首創了皇帝制度、以三公九卿為代表的中央官制，以及郡縣制，徹底打破自西周以來的世卿世祿制度，維護國家的統一、強化中央對地方的控制。

但秦朝的暴政導致後來的大規模農民起義，秦朝由此走向滅亡。

古往今來：歷代更替與王朝千秋

中古時期 興亡見證

　　在戰國末年，實力強大的秦國佔據著富饒而又易守難攻的關中地區，具有良好的地理環境。更重要的是，秦國的變法比其他六國更為成功，對舊勢力、舊制度的剷除較徹底。因此，不管是在經濟還是在政治上，秦國比其他各國更為先進，這就為秦國的建立和鞏固準備了必要的條件。

　　西元前二二一年，中國封建社會的第一個統一王朝秦朝成立。秦朝的疆域，東到大海，西到隴西，北到長城一帶，南到南海，大大超過了前代。

　　秦始皇為了加強統治，實現了從分封制到郡縣制的轉變。他所建立的專制主義中央集權制度，及所採取的旨在鞏固統一的某些措施，為後世帝王所取法。

　　秦始皇以戰國時期秦國官製為基礎，把官制加以調整和擴充，建成一套適應統一國家需要的新的政府機構。

　　在這個機構中，中央設丞相、太尉、御史大夫。丞相有左右兩員，掌管政事。太尉掌管軍事，不常置。御史大夫是丞相的副貳，掌管圖籍祕書，監察百官。丞相、太尉、御史大夫與諸卿議論政務，皇帝作裁決。

　　地方行政機構分郡、縣兩級。郡和縣主要官吏由中央任免。郡設守、尉、監。郡守掌治其郡。郡尉輔佐郡守，並典兵事。

　　在縣一級，萬戶以上者設令，萬戶以下者設長。縣令和縣長領有丞和尉及其他屬員。縣以下有鄉，鄉設三老掌管教化，嗇夫掌管訴訟和賦稅，游徼掌管治安。鄉下有里，是最基層的行政單位。

此外，還有專門負責治安和禁止盜賊的專門機構，叫做亭，亭有長。兩亭之間，相距大約五千米。

統治一個大國，需要全國一致而又比較完備的法律制度。秦始皇統一六國以後，以秦律為基礎，參照六國律，制訂了全境通行的法律。秦律經過漢朝的增刪，成為唐以前歷代法律的藍本。

秦的社會組織相當嚴密，商鞅變法時建立了「什伍連坐制」，統一後秦國將這一制度推廣至全國。

維持一個大國的統一，還需要強大的軍隊。秦朝的軍隊以消滅六國的餘威，駐守全國，南北邊塞，是屯兵的重點地區。屯兵是集中駐紮的機動作戰部隊，由朝廷派遣的將軍統率，比如蒙恬曾長期領兵屯於上郡。

秦朝以銅虎符為憑據來調兵遣將。虎符剖半，右半由皇帝掌握，左半在領兵的人手裡，左右合符，才能調動軍隊。這是保證兵權在皇帝手中的重要制度。

秦始皇曾經派蒙恬率軍三十萬抗擊匈奴。匈奴人分佈在蒙古高原上，戰國末年以來，常向南方侵犯。秦統一全國以後，發兵抗擊，最終收復河套以南地區，即當時所謂「河南地」。

為了防止匈奴入侵，秦還把戰國時燕、趙、秦三國長城修復並連接起來，築成西起臨洮、東迄遼東的古代世界偉大工程之一的萬里長城，用來保護北方農業區域。接著，秦又徙民幾萬家於河套。這對於邊地的開墾和邊防的加強，起了積極作用。

　　針對當時一些儒生希望復辟貴族割據的思想和政治傾向，秦始皇也進行了思想清洗。他在丞相李斯的建議下，焚燬書籍，消滅私學，處理犯禁的儒生，透過「焚書坑儒」來打擊貴族政治的思想。

　　秦始皇還下令統一貨幣，統一度量衡，統一文字，並建立土地制度，鼓勵農耕，發展生產。在經濟和文化方面，為加強中央集權創造了有利條件。

　　秦始皇還確定了一套與皇帝地位相適應的複雜的祭典以及封禪大典，擇時進行活動。

　　秦始皇統一天下，奠定了中國統一多民族中央集權國家的基本格局，對中國疆域的初步奠定和鞏固發展國家的統一，以及形成以華夏族為主體的中華民族，發揮重要作用。

　　晚年的秦始皇迷信仙術，想長生不老。西元前二一〇年，秦始皇進行最後一次巡遊。他遊雲夢，觀錢塘，登會稽山，然後渡江，沿海邊來到琅琊。

　　他總想能在海邊有所收穫，遇見仙人或得到仙藥，所以一直靠著海岸走，然而仍一無所獲。在返回咸陽的途中，他病倒了。不料未及趕回咸陽，秦始皇就病逝，終年五十歲。同年，其子胡亥繼位。

　　在當時，秦二世對秦始皇的死訊祕不發喪，旨在伺機登上王位。他在趙高等人的蠱惑下，殺死兄弟姐妹二十餘人，改了秦始皇立長子扶蘇繼承帝位的遺詔，並逼死了扶蘇，最後自己當上了秦朝的二世皇帝。

秦二世即位後，趙高掌實權，實行殘暴的統治。他不僅殘害手足，還妄殺忠臣，右丞相馮去疾和將軍馮劫為免遭羞辱，選擇了自盡。他尤其加重對農民的剝削和壓迫，使人民生活在水深火熱之中。秦二世的暴政，埋下了秦朝滅亡的禍根。

　　西元前二〇九年七月，一隊開赴漁陽戍邊的九百人，因雨不能如期趕到目的地。按照秦二世時的法律規定，這些人都將被斬首，大家面臨著死刑的威脅。於是，在陳勝和吳廣兩位戍卒屯長的領導下，在大澤鄉舉起了反秦旗幟。中國歷史上第一次大規模農民起義就此爆發了。

　　陳勝和吳廣率領起義軍連克大澤鄉和蘄縣，並在陳縣，即今河南省淮陽建立張楚政權，各地紛紛響應。後來，因為陳勝得勢後驕傲，加上秦將章邯率秦軍鎮壓，大澤鄉起義失利。

　　陳勝起義後，舊楚名將項燕之子項梁和侄兒項羽殺掉秦會稽郡守，起兵響應。不久項梁率領八千名子弟兵渡江北上，隊伍擴大到六七萬人，連戰獲勝，成為反秦起義軍中的一支勁旅。

　　隨著全國反秦浪潮的不斷高漲，做秦朝沛縣泗水亭長的劉邦，也在沛縣百姓的推舉下舉起了反秦大旗。他以沛公的身分，設祭壇，立赤旗，自稱赤帝的兒子。

　　西元前二〇七年十二月，劉邦率軍到達了咸陽東邊不遠處的灞上。這時的秦王子嬰見大勢已去，只得將傳國玉璽親手交給了劉邦。秦國至此滅亡。

　　針對已有些作為的劉邦勢力，項羽不甘落後，他自立為西楚霸王。隨著形勢的發展，這兩股勢力拉開了楚漢戰爭的大幕。

　　西元前二〇二年十二月，劉邦、項羽兩軍在垓下進行了一場策略決戰，結果項羽兵敗，退至烏江，最後自刎。同年六月，劉邦即皇帝位，這就是漢高祖。

　　秦末農民戰爭推翻了貪婪殘暴的秦統治集團，使社會得以前進。這次起義，是中國古代農民第一次大規模的發動，對後代農民起義發揮激勵鬥志的作用。

閱讀連結

　　秦始皇在建立秦國前，在準備滅楚的過程中，老將王翦說要六十萬人，年輕將軍李信說二十萬就足夠了。

　　秦始皇輕信了李信，結果李信被楚國打得大敗。李信低估楚國實力，吃了敗仗。

　　秦始皇是個很有胸襟的人，他不但沒有處罰李信，還親自去找王翦，向老將軍道歉。王翦堅持必須六十萬人攻楚的意見，秦始皇當場答應。

　　王翦率六十萬人秦軍滅楚後，秦始皇面對已經是盤中餐的齊國，再次派出了之前打了敗仗的李信。結果李信重新立功。

強盛的封建王朝漢朝

漢朝是繼秦朝之後強盛的大一統帝國。漢高祖劉邦建立西漢，定都長安，又稱前漢；漢光武帝劉秀建立東漢，定都洛陽，又稱後漢。西漢與東漢合稱兩漢。漢朝共歷四百多年的歷史。

兩漢王朝經歷了「文景之治」、「漢武盛世」、「昭宣中興」、「光武中興」和「明章之治」。兩漢時期民族融合空前發展，文化科學異常活躍，對外交流意義重大。

兩漢時期開疆拓土，國力強盛，人口眾多，為中華民族兩千年的社會發展奠定了基礎，為中華文明挺立千秋作出了巨大貢獻。

漢高祖劉邦建立的西漢王朝，各種制度基本上沿襲秦朝而有所增益，但在施政方面則以秦朝速亡為鑒，力求在穩定中求發展。漢初七十年的歷史，是社會經濟從凋敝走向恢復和發展的歷史，也是中央集權逐步戰勝地方割據的歷史。

西漢初年，六國舊貴族如齊之田氏，楚之昭氏、屈氏、景氏和懷氏等貴族殘餘勢力，以及燕、趙、韓、魏等豪杰餘脈，仍然是強大的地方勢力。劉邦把這些舊貴族以及其他豪杰名家十萬餘口，遷到長安附近。這次遷徙的規模之大是空前的，有效地控制了六國舊貴族和豪杰的分裂活動。

劉邦還採取了斷然手段，來消滅異姓諸王。訂立了「非劉氏而王者，天下共擊之」的誓言。他首先消滅燕王臧荼，立盧綰為燕王。又接連消滅楚王、韓王、趙王、梁王、淮南王和燕王。

　　在經濟上，劉邦任用蕭何為丞相，採取與民休息、清靜無為、休養生息的黃老治術與政策，鼓勵生產，輕徭薄賦，使百姓得以休養生息，生產得以恢復。

　　劉邦去世後，漢惠帝劉盈繼位，但在此期間，實際是呂后稱制。呂后遵漢高祖劉邦遺囑，用曹參為丞相，蕭何出謀劃策，曹參負責落實，並沿用漢高祖劉邦的黃老政治的政策，達到了「政不出房戶，天下晏然」的效果，為史家所稱道。

　　呂后去世後，劉氏諸王與西漢大臣合力消滅諸呂勢力，迎立代王劉恆為帝，是為漢文帝。

　　漢文帝為了「休養生息」，儘量避免對南越用兵。在漢文帝和兒子漢景帝劉啟兩朝，繼續採取黃老無為而治的手段，實行輕徭薄賦、與民休息的政策，恩威並施，恢復了多年戰爭帶來的嚴重破壞，使人民負擔得到減輕。

　　這段時期，匈奴雖然幾次入寇中原，但大多數時間處於相對和平的狀態。漢朝方面則不斷積蓄國力，採取有效措施來積極備戰。這一時期史稱「文景之治」，是中國成為大一統時代以來，第一次被傳統歷史學家稱羨的治世時代。

　　漢武帝劉徹在位期間，從西元前一四〇年到西元前八七年，是西漢王朝的鼎盛時期。他採取了一系列改革措施，使得漢朝的政治、經濟、軍事變得更為強大，也是封建制度下中華民族的一個蓬勃發展時期。

　　在政治上，漢武帝加強皇權，首創年號，採納主父偃的建議，施行推恩令，削弱了諸侯王的勢力，中央集權得到了大大的加強。

在文化上，廢除了漢朝以「黃老學說、無為而治」治國的思想，積極治國。並採納董仲舒「罷黜百家，獨尊儒術」的建議，維護了封建統治秩序，神化了專制王權，因而受到中國古代封建統治者推崇，成為兩千多年來中國傳統文化的正統和主流思想。

在軍事上，積極對付漢朝的最大外患匈奴。首先是大幅提高軍人的待遇，激發了軍人的積極性。

在這期間，漢朝先後出現了衛青、霍去病等天才將領，終於擊敗匈奴單于，使得「漠南無王庭」。又收復南越國和朝鮮，征服中亞大宛國，西域臣服，使中國成為亞洲第一霸主，世界第一大帝國。

在外交上，兩次派張騫出使西域，開闢了「絲綢之路」。絲綢之路成為東西方經濟文化交流的橋樑。

漢武帝時期，開疆拓土，奠定了今天的中國版圖，是漢朝疆域最大的時期，也是漢朝的極盛時期。這就是「漢武盛世」。

漢朝疆域在漢武帝時，正北至五原郡、朔方郡，南至日南郡，東至臨屯郡，西至蔥嶺，面積廣達六百萬平方公里。朔方郡就是現在的內蒙古包頭、巴彥淖爾一帶，日南郡就是現在的越南廣平省，臨屯郡就是現在的朝鮮江原道一帶，蔥嶺就是現在的帕米爾高原。

漢武帝死後，年僅七歲的劉弗陵即位，是為漢昭帝。漢昭帝遵循漢武帝晚年的政策，對內繼續休養生息，以至於百

姓安居樂業，四海清平。漢昭帝劉弗陵死後，劉詢即位，是為漢宣帝。

漢宣帝摒棄不切實際的儒學，採取道法結合的治國方針，在整頓吏治上沿用漢昭帝劉弗陵的政策，勸民農桑，抑制兼併，降低豪強在國家中的角色。

經過漢昭帝、漢宣帝的治理，國家經濟明顯恢復，人口疆域都達到了漢朝的極盛時期，四夷賓服，萬國來朝，使漢朝再度迎來盛世，這就是著名的「武昭宣中興」。

漢宣帝劉詢死後，漢元帝劉奭即位，西漢開始走向衰敗。漢元帝柔仁好儒，導致皇權旁落，外戚與宦官勢力興起。

漢元帝死後，漢成帝劉驁即位。漢成帝好女色，以至於「酒色侵骨」，最後竟死在溫柔鄉中。

漢成帝不理朝政，為外戚王氏集團的興起提供了條件，皇太后王政君權力急遽膨脹。漢成帝劉驁死後，劉欣即位，是為漢哀帝。

此時外戚王氏的權力進一步膨脹，國家已經呈現一片末世之象，民間「再受命」說法四起。西元前一年八月十五日，漢哀帝劉欣去世。

十月十七日，劉衎即位，是為漢平帝。但漢平帝已經淪為王莽的傀儡。西元六年二月，年僅十四歲的漢平帝劉衎病死，王莽立劉嬰為皇太子，自己任「攝皇帝」。

西元八年十二月，王莽廢除孺子嬰的皇太子之位，建立新朝，西漢滅亡，王莽成了新始祖，也稱新太祖高皇帝、新朝建興帝，簡稱新帝。

西元二三年，王莽政權在赤眉、綠林打擊下覆滅。綠林軍擁立漢宗室劉玄做皇帝，恢復漢朝國號，史稱「玄漢」，改元更始，劉玄即漢延宗更始帝。

西元二五年，赤眉軍立劉盆子為帝，沿襲漢朝國號，史稱赤眉漢，建元建世，劉盆子即建世帝，隨後擊敗綠林軍。

其後，原本服從更始帝的漢宗室劉秀在鄗縣之南稱帝，並誅殺劉玄，是為漢光武帝，沿用漢朝國號，稱建武元年，都洛陽，史稱東漢。東漢於西元二七年滅劉盆子赤眉漢，西元三六年滅隗囂、公孫述等割據勢力，實現了全國統一。

光武帝廢王莽弊政，大興儒學，使得東漢成為風化最美，儒學最盛的朝代。時年社會安定，加強中央集權，對外戚嚴加限制，史稱「光武中興」。

漢明帝和漢章帝在位期間，秉承光武帝遺規，對外戚勛臣嚴加防範；屢下詔招撫流民，賑濟鰥寡孤獨和貧民前後凡九次；修治汴渠完成，消除西漢平帝以來河汴決壞；經營西域，再斷匈奴右臂，復置西域都護府和戊己校尉。東漢進入全盛時期，史載「天下安平，百姓殷富」，號稱「明章之治」。

漢章帝後期，外戚竇氏日益跋扈，揭開東漢後期外戚與宦官兩股勢力爭鬥的序曲。到了漢靈帝執政時，朝政腐敗到了極點。導致了西元一八四年的黃巾起義。

雖然不久便平定了此叛亂，但是漢朝政府經此一役已國力大減。而且中央政府為順利平叛，又將軍權下放給各地州官。

各地豪強大族從此開始慢慢擁兵自重，加以其原本已具有強大的經濟實力，最終演變成東漢末年袁紹、袁術、曹操、孫堅、董卓等眾豪強軍閥割據一方的局面。

漢靈帝死後，董卓掌權，廢后漢少帝劉辯為弘農王，改立漢獻帝劉協。董卓被呂布誅殺後，軍閥割據完全表面化，出現了把持中央的曹操；位於河北的袁紹；位於淮南的袁術；位於江東的孫權；位於荊州的劉表；位於益州的劉璋等勢力。

其中曹操「挾天子以令諸侯」，以漢朝丞相的名義討伐各路軍閥，在「官渡之戰」中消滅了最大的敵人袁紹軍的主力，但同時架空漢室權力，全權代理皇帝處理朝政。此時，東漢朝皇帝已經是空有名分而無實際了。

「赤壁之戰」後，天下三分之勢逐漸形成。曹丕篡漢建立魏後，劉備隨即在蜀地宣布繼承漢朝法統，建立了沿用漢國號的政權，史稱蜀漢。江東孫權雖向魏稱臣，內政外交皆自主，幾年後孫權稱帝，國號吳。

西元二二一年，劉備在成都稱帝，以漢室宗親的身分重新建立漢朝，繼續漢之大統，年號「章武」，漢朝又一次被復興。

西元二二三年四月，劉備去世，諡「昭烈帝」。諸葛亮數度北伐，力挽劉備漢朝之將傾，但多次因補給線太長糧草不濟被迫撤軍，致使北伐始終無法獲得重大成效。

諸葛亮病死後，蔣琬、費禕、董允等接手執掌朝政，到三人死後，劉禪開始自攝國政，但內廷逐漸為宦官黃皓把持，使得前方戰事不為劉禪所知，最終導致鄧艾偷襲成都成功、劉禪舉國而降。後來姜維意圖借助鍾會之力復國，但是計劃失敗被殺。至此，漢朝國告終。

閱讀連結

劉邦性格豪爽，不太喜歡讀書，但對人很寬容。他也不喜歡種田，所以常被父親訓斥為「無賴」，說他不如自己的哥哥會經營，但劉邦依然我行我素。

劉邦長大後，經考試做了泗水的亭長，時間長了，和縣裡的官吏們混得很熟，在當地也小有名氣。劉邦的心胸很大，在一次送服役的人去咸陽的路上，碰到秦始皇大隊人馬出巡，遠遠看去，秦始皇坐在裝飾精美華麗的車上威風八面，羨慕得他脫口而出：「大丈夫就應該像這樣啊！」

相互對峙的三國時期

中國歷史上東漢與西晉之間，有一個分裂對峙時期，存在著魏、蜀、吳三個政權，這就是三國時期。其時間一般認為是起始於奠定三國局面的「赤壁之戰」，終結於西元二八〇年西晉滅孫吳。

在三國時期，魏、蜀、吳三分東漢州郡之地，在互相對峙的同時，各自勵精圖治，謀求發展，可謂充滿生機。

中古時期 興亡見證

　　三國時期的統治者，為了鞏固和發展自己的勢力，大都比較重視社會生產的發展，都重視經濟的發展和社會秩序的安定。其豐富多彩的歷史內涵，常常引起後人的追思，是中國歷史上典型的時期。

　　西元二○八年，孫權、劉備聯軍大敗曹軍於赤壁，迫使曹軍退回中原。此後，隨著曹魏、蜀漢和孫吳三個政權的建立，華夏大地三大區域同時經歷了對峙與發展的時期。

　　西元二二○年冬，曹操之子曹丕篡漢稱帝，建都洛陽，國號魏，史稱「曹魏」。這就是魏文帝。三國時期開始。

　　西元二六五年，晉武帝司馬炎篡魏，改國號為晉，曹魏滅亡。曹魏歷五帝，共計四十六年。

　　曹操北歸以後，用兵於關中、隴西，先後消滅關西十一部、張魯等割據勢力，佔有隴西之地。但因曹操年事已高，終其年只控制了中原、隴西一帶。

　　曹魏政權建立後，為了謀求發展，在很多方面頗有建樹。曹魏政權所採取的治國方針、政策和措施，在更廣泛的意義上影響了歷史的走向。

　　在文官制度上，曹魏政權順承曹操「唯才是舉」的原則，盡力招攬更多的人才，魏文帝時就建立了九品官人法，其做法是：

　　郡設小中正，州設大中正，小中正採擇輿論，按人才優劣定品第高下，上報大中正；大中正核實後上報司徒；司徒再加審核然後交尚書選用。

還規定，郡人口十萬以上，特別優異的不受戶口限制。還設立春秋谷梁博士，提高了官員的素質保證。九品官人法在中國古代政治制度史上佔有十分重要的地位，乃中國封建社會三大選官制度之一。

在地方制度方面，曹魏河南郡治洛陽，為京師所在，稱司州。又設王國並置相，與郡同等。縣制方面有公國、侯國、伯國、子國和男國之封。

在法律制度方面，曹魏在秦漢舊律重新定律，制訂《新律》十八篇、《州郡令》四十五篇、《尚書官令》、《軍中令》，共一百八十餘篇。這是在秦漢律由簡到繁以後，中國封建刑律由繁到簡的又一個重要的轉折點，對晉律和唐律的產生具有直接的影響，在中國法律制度史上居於承前啟後的重要地位。

在軍事制度方面，曹魏時期的中央軍，分為中軍和外軍。中軍擔負著戍衛皇宮、拱衛京師的任務；外軍留屯各地，代表中央去行征伐鎮壓之權。除了中軍與外軍，曹魏政權還有作為地方兵的州郡兵。

為保持固定的兵源，曹魏建立了士家制。士家有特別的戶籍，男丁世代當兵或服特定的徭役。士家身分低於平民，士逃亡，妻子沒官為奴。冀州士家有十萬戶以上。

曹魏和外族進行了三十多次戰役，例如：河西之戰，消滅烏桓，擊敗鮮卑，討氐羌，破東濊、平濊貊、滅韓濊等，絕大多數都勝利。甚至後世有人認為，曹魏政權是中國古代對外族勝率最高的。

　　在經濟方面，曹魏為了恢復和發展北方的經濟，推行了屯田制度。組織流民耕種官田，屯田地域，西北起河西，東南達淮南，東北自幽燕，西南至荊襄。

　　這使得社會秩序恢復，增強曹魏實力。

　　曹魏重視農業的另一實證是其大興水利，其工程的規模和數量在三國中首屈一指。如西元二三三年關中一帶闢建渠道，興修水庫，一舉改造了三千多頃鹽鹼地，所獲使國庫大為充實。再如曹魏在河南的水利工程，其成果使糧食產量倍增。

　　曹魏建置大型官營手工業作坊，發展手工業生產。鄴、洛陽等貿易城市，商業經濟發達，和海外有貿易往來。此外造船業、陶瓷業、絲織業、製鹽業等也都十分發達。

　　在文化方面，曹魏雖然是以軍力起家，但曹氏一族在文學上具有相當成就，如曹操和其子曹丕和曹植都善於寫詩，時稱「三曹」，後世稱「建安文學」。還有以王粲、陳琳為代表的「建安七子」。三曹和建安七子在詩歌創作上形成「建安風骨」，留下許多名篇。如曹丕的《燕歌行》、曹植的《洛神賦》、王粲的《七哀詩》都是傳頌千古的佳作。

　　才華橫溢的女詩人蔡文姬有《悲憤詩》傳世，著名的樂府敘事詩《孔雀東南飛》也創作於建安時。以何晏、王弼為代表的玄學的產生，是哲學思想的突出成就。

　　後世稱為「醫聖」的張仲景，著《傷寒雜病論》，奠定了中國醫學體系的基礎。華佗則精於外科手術、首創用麻沸

散作手術麻醉劑。數學家劉徽在圓周率計算上有重大貢獻。馬鈞在機械上有多種發明，包括提水工具翻車。

在宗教方面，道教由於黃巾起義和張魯保據的失敗，略有沉寂，佛教則繼續流傳。洛陽有佛寺，西域僧人前來傳法譯經。潁川人朱士行遠赴於闐求經，是第一個西行求法的漢僧。

赤壁之戰後，曹操不敢再輕易南下，鼎立格局初步奠定。劉備圖蜀成功，並據有漢中。西元二二一年，劉備昭告天下，即位於成都，建國漢，史稱蜀漢，疆土轄有漢中、巴、蜀。縱觀蜀漢歷史，它是一段劉氏政權忙於征伐，忙於開拓的歷史。

蜀漢統治者孜孜不倦地征伐天下，開闢疆土，把蜀漢疆域拓展到北入後來的甘肅境內，南達後來的雲南邊境，東邊維持在後來的奉節一帶，西邊伸入到後來的緬甸境內。

西元二二二年，劉備率軍征伐孫權，被陸遜打敗於彝陵，不久病逝。他託孤於諸葛亮，輔佐長子劉禪即位。期間諸葛亮曾七出祁山，但是勝少負多；大將姜維九伐中原，卻是次次失敗。諸葛亮、蔣琬、費禕、董允死後，內廷逐漸為宦官黃皓把持，使得前方戰事不為劉禪所知。

西元二六三年，魏軍三路攻蜀，同年冬，魏國大將鄧艾攻入成都，劉禪投降，蜀漢滅亡。蜀漢歷二帝，共計四十三年。

蜀漢兵制大致和魏相同，但又有其特點。蜀置五軍，即前、後、左、右、中軍。中軍與曹魏一樣同時又是戍衛部隊；

前、後、左、右四軍略等於曹魏的外軍。基層軍隊有許多不同的稱號。此外還有夷兵，由荊州一帶少數民族組成。蜀漢還把外來流民組建成軍隊。

蜀漢政權的社會經濟有持續穩定的發展。蜀漢十分重視農田水利灌溉事業，繼續維護都江堰等水利設施，水旱由人，使成都平原出現一片繁榮景象。

蜀地本來就「土地肥美」，有江水沃野之饒，加上諸葛亮的精心治理，農業產量很高。處於都江堰灌區的綿竹、廣漢一帶的水田，保持著高產的記錄。

此外，鹽、鐵、織錦業也很發達。特別是織錦業，蜀錦的產量就相當可觀，馳名全國，遠銷吳、魏，其收入成為蜀漢政府軍費的一大來源。由於蜀漢自然條件好，加上諸葛亮及其繼承者們的悉心經營，直至亡國，社會經濟也有發展勢頭。

西元二二九年，孫權在武昌稱帝，國號「吳」，改元黃龍元年，史稱「東吳」。後又遷都建業，自此三國鼎立之勢正式形成。

司馬炎奪取曹魏政權建立晉朝後，西元二七九年冬，晉軍出兵攻吳，於西元二八〇年三月攻下建業，吳帝孫皓降，吳國亡。三國時期結束。

東吳在政治上大體跟東漢相近，地方上仍實行州郡制，中央方面也是同樣。唯一不同者，則是東吳主要受江南本地豪族影響，單是在朝的朝臣，有不少外姓人士，如顧姓的顧

雍，朱姓的朱桓，陸姓的陸遜和張姓的張溫，就是後世稱為吳四姓，這些世族都是漢朝時長居江南的望族。

東吳的軍隊以舟師為主，步兵次之。孫吳水軍發達，設有水軍基地和造船廠，所造名為「長安」的戰船，可載士兵千餘人。其精銳軍隊有車下虎士、丹陽青巾軍與交州義士等。還有設有山越兵、蠻兵、夷兵等少數民族部隊。

東吳的經濟有顯著發展。當時因為戰亂，北人南來，加上山越人接受孫權安撫，從山區移居平地，使得東吳勞動力增多。長江兩岸地區都設有屯田區，其中毗陵屯田區就是後來江蘇常州、鎮江、無錫一帶最大。

絲織業開始在江南興起，但織造技術還不高，所以蜀錦成為重要的輸入物資。銅鐵冶鑄繼承東漢規模而有發展規律，青瓷業也在東漢釉陶製造基礎上走向成熟。

由於河海交通的需要，造船業很興盛，海船經常北航遼東，南通南海諸國。西元二三〇年，東吳的萬人船隊到達夷洲，即今日之臺灣，這是中國大陸與臺灣聯繫的最早記載。吳國使臣朱應、康泰泛海至林邑、扶南諸國。大秦商人和林邑使臣也曾到達建業。

經濟的發展，與外界交往的增加，促進了江南文化的提高，出現了一批知名的經學家和文史之士，如虞翻、陸績、韋昭。

佛教開始在江南傳播，居士支謙從洛陽南來，居天竺的西域僧康僧會稍晚從交趾北上。他們在建康譯經傳法，影響頗大。道教在南方民間繼續流傳。

東漢民間流行黃老之學，張角建立的太平道和張道陵建立的五斗米道，都是道教的雛形，至西晉時則稱為天師道。張魯投降曹操後，五斗米道流傳到江南一帶。

「赤壁之戰」後出現的「三足鼎立」局面，經過魏、蜀、吳區域的局部統一、相互相持和積極發展後，至西晉又歸於全國的統一。

閱讀連結

麥熟時節，有一次曹操率領大軍去打仗。沿途的老百姓因為害怕士兵，都躲到村外，沒有一個敢回家收割小麥的。

曹操得知後，立即派人挨家挨戶告訴老百姓：他是奉皇上旨意出兵討伐逆賊為民除害的。現在正是麥熟的時候，士兵如有踐踏麥田的，立即斬首示眾，請父老鄉親們不要害怕。

曹操的官兵在經過麥田時，都下馬用手扶著麥稈，小心地走過麥田，這樣一個接著一個，相互傳遞著走過麥地，沒一個敢踐踏麥子的。

老百姓看見了，沒有不稱頌的。

▌短暫統一與融合的晉朝

晉朝包括西晉和東晉，分別建都於洛陽和建康。晉朝的存在時間，是從西元二六五年司馬炎建立西晉開始，至西元四二〇年司馬睿建立的東晉被劉裕所滅，劉裕建立宋，東晉滅亡。共歷經一百五十五年。

西晉是中國短暫的大一統王朝，為時僅五十一年。東晉時期少數民族遷至中原，促進了中國各民族的進一步融合，同時，北人南遷，也開發了江南地區。

兩晉時期是中國文化發展的重要時期之一，在中國歷史上首創了國子學，以後歷朝歷代延續，直到封建社會末期。

西元二六五年，司馬炎奪取曹魏政權，建立晉朝，先建都洛陽，後來又遷到長安，史稱「西晉」。司馬炎就是晉武帝。為當時社會與經濟的發展提供了短期的良機。

建國之初，晉武帝為了完成滅吳大業，在策略上做了充分準備。早在西元二六九年，他就派羊祜坐守軍事重鎮荊州，著手滅吳的準備工作。羊祜坐鎮荊州後，減輕賦稅，安定民心，東吳將領們的心已經一步步趨向晉軍。

晉武帝在襄陽一邊命羊祜以仁德對吳軍施加影響，一邊在長江上游的益州訓練水軍，建造戰船。經過長達十年時間的充分準備，西元二七九年，晉軍開始向東吳展開大規模的進攻。晉軍兵分六路沿長江北岸，向吳軍齊頭並發。

由於晉武帝準備充分，時機恰當，策略正確，前後僅用了四個多月，便奪取了滅吳戰爭的全部勝利。從此，東吳的全部郡、州、縣，正式併入晉國版圖。

西元二八〇年，三國鼎立的局面完全結束了。晉武帝司馬炎終於統一了全國，結束了八十年的分裂局面。為了開創新的業績，晉武帝以洛陽為中心，在全國採取了一系列措施，逐步使百姓擺脫了戰亂之苦，使國家走上了發展之路。

　　首先是重視農業生產。朝廷鼓勵墾荒、興修水利、擴充勞動力和加強監督等。透過這些措施的推行，農業生產很快發展起來，出現了國泰民安的景象。隨著經濟的發展，人口也迅速增長起來。

　　為保持政治穩定，維護統治階級的利益，晉武帝還公佈了品官占占田蔭客制。

　　法令規定，官品第一至第九，各以貴賤占田。第一品可以占田五十頃，以下每低一品，遞減五頃。又各以品之高低，蔭其親屬，蔭其客戶，多者及九族，少者三世。

　　宗室、國賓、先賢之後及士人子孫，也都有這種特權。特權擴大到士人子孫，這是秦漢時世家地主範圍的擴大，特別是儒宗這一等級的延伸。

　　西晉的這些措施，無疑給士族地主在政治和經濟上更多的優厚，還有利於統治階級利益上的平衡。但士族地主特權過大，助長了他們在生活上和政治上的腐化，同時影響庶族地主的利益和農民的利益。

　　在以後的十餘年間，是西晉相對繁榮穩定的時期，社會經濟有了較大的發展。西晉政府重視生產，勸課農桑，興修水利，民和俗靜，家給人足，牛馬遍野，餘糧委田，出現了四海平一、天下康寧的昇平景象，史稱「太康盛世」。

　　西元二九一年至三〇六年，西晉爆發了戰亂，戰亂參與者主要有汝南王司馬亮、楚王司馬瑋、趙王司馬倫、齊王司馬冏、長沙王司馬乂、成都王司馬穎、河間王司馬顒、東海

王司馬越八王，史稱「八王之亂」。這是西晉時統治集團內部的戰亂。

在此期間，由於人民被殺害者眾多，社會經濟嚴重破壞，西晉統治集團的力量消耗殆盡，隱伏著的階級矛盾、民族矛盾便迅速爆發。

對西晉首先發難的是士族李特為首的流民起義和羯、羌的小規模反抗，然後是匈奴貴族的起兵。自氐族人李特率流民於巴蜀起義，經匈奴劉淵舉事，東萊豪族王彌起兵，歷十餘年混戰後，三〇八年七月，洛陽失守，西元三一六年，長安失守，西晉滅亡。

西晉是中國歷史上一個短命的王朝。長安、洛陽相繼陷落，建立僅半個世紀的西晉就此滅亡。司馬氏父子兄弟數十年經營，可謂苦心；晉武帝一統華夏，可謂威武。如此苦心建立的威武天朝竟短命而亡，在諸多因素中，士族背棄是其滅亡的主要因素。

西晉滅亡後，一些西晉的舊臣並不甘心亡國的命運，仍在全國各地積極活動，準備恢復晉朝的統治。

西元三一七年，司馬睿在南渡過江的中原氏族與江南氏族的擁護下，在建康稱帝，國號仍為晉，司馬睿為晉元帝。因其繼西晉之後偏安於江南，故史家稱之為「東晉」。

西元三四六年，東晉安西將軍桓溫伐蜀，次年三月克成都，原來控制著漢水上游和四川盆地的成漢政權滅亡。至此，東晉統一了南方。

古往今來：歷代更替與王朝千秋

中古時期 興亡見證

　　當東晉在江南建國的同時，北方則陷入分裂混戰，黃河流域成為匈奴族、羯族、鮮卑族、氐族、羌族五個主要少數民族和漢族爭殺的戰場，並分別建立了自己的國家，相互爭霸，不斷有國家成立和滅亡。在當時，北方黃河流域一帶先後建立許多割據政權，連同漢族所建立的政權，較重要的有十六個國家，歷史上稱為「五胡十六國」。

　　在北方諸國中，由氐族所建立的前秦，在苻堅時強大起來，並統一了北方大部分地區，隨後，苻堅也想一統江南。西元三八三年，苻堅率軍南下，聲勢浩大，企圖一舉消滅東晉。

　　前秦南下，東晉面臨空前威脅，在宰相謝安的運籌下，東晉將領謝石、謝玄率北府兵大敗前秦軍隊於淝水，取得了東晉北伐歷史上的決定性勝利。這就是中國古代歷史上著名的「淝水之戰」。

　　淝水之戰後，前秦瓦解，北方大亂，再次陷入長期分裂的狀態，北方諸部無暇南侵。東晉以弱勝強，局勢暫時穩定下來。

　　由於東晉時北方少數民族的入主中原，使他們更多的接觸到華夏文化，使之與漢民族逐漸發展為同一生活習慣的民族，進而被漢族融合。自魏、晉、南北朝之後，中原北方大體已形成以漢族為主，其他少數民族混居的人口構成形式，使中國正式成為具有相似生活習慣的多民族國家。

　　事實上，東晉政權是江南大族勢力平衡下的產物，其他三族相繼衰落，桓氏成為唯一的大族。

西元四〇四年，桓玄廢晉安帝，自立為皇帝，國號楚。然而，桓玄是一向腐朽的士族中人，士族們連掘些草根充饑的本領也沒有，所以他不可能維持既得的地位。就在桓玄稱帝的同一年，劉裕在京口約集失意士人密謀攻桓玄，被眾推為盟主。劉裕擊敗桓玄，掌握東晉政權。

東晉重要地區用大族作鎮將，因而形成割據的局面。劉裕改用皇子作鎮將，特別是荊州江州兩鎮，所統兵甲佔全國兵甲的半數，更非選皇子不可，從此建康朝廷不再受大族重鎮的威脅。

劉裕完成了上述軍事上政治上的措施，東晉朝顯然再沒有存在的餘地了。

總觀兩晉，其政治體製為世族政治。架構方面，朝廷的決策機關與行政機關也逐漸分立。尚書省、中書省及門下省依序獨立出來，由漢代的三公九卿制走向隋唐的三省六部制。兩晉的三公雖然無實權為榮譽職，但可為皇帝顧問，該職也用來安置權臣。

律令方面，由於《魏律》內容繁雜，早在司馬昭執政時即命賈充、羊祜、杜預、裴楷等人蔘考《漢律》及《魏律》來修編新法律。完成的新律即《晉律》，又稱《泰始律》。這是魏晉南北朝時期唯一實行全中國的法典。

張斐、杜預分別又為《晉律》作注本，該注與律文具有同等法律效力。這種以注輔文的立法方式影響後世，如唐代的《永徽律疏》。

農業方面，西晉之初由於兵事將休，廢除屯田制，將民屯田給予農民，實施占田制及蔭客制，並以課田法課稅，農民的負擔比屯田制稍微減輕。

東晉時期，中原人士帶來北方精耕細作的技術，推廣牛耕加快耕田速度。東晉南朝重視水利，代有修築。最後，南方的水田普遍開發，農作物品種增加、生產量提高，長久下來使中國的經濟中心南移，會稽的世家大族莊園經濟盛行，躍升為全國經濟中心。

手工業主要由官府專營，設置少府及作部。冶煉業得到了發展，灌鋼技術的發明，把生鐵和熟鐵混雜在一起，工藝簡便，生產效率更高，鋼鐵的品質也更好。

馬鈞改良紡織機，品種及品質皆提升。當時製紙業除麻紙外也利用藤做出「藤角紙」。紙張已經可做出雪白紙及五色花籤，至南朝完全替代竹簡和絹錦。

製瓷業在製成技術也有長足的進步，並廣泛在南方地區擴散。例如浙江就形成越窯、甌窯、婺州窯及德清窯。製茶業方面，由於晉代士人習慣飲茶並提倡以茶代酒，使需求提高，種植區域進展到東南沿海。

造船業歸官府管理，當時大船載重達萬斛以上。由於江南水路繁多，所以十分興盛。

商業方面，晉室南渡後，中原財富大多轉移至江南地區，商業仍然興盛，最大商業中心為會稽，次為建康。

由於戰亂與銅量不足，鑄錢不足，幣值處於混亂狀態。貿易也有發展，南北互市和海外貿易主要由官府掌握，私人

經營商業的很多，交易的大宗物品是糧食、布帛、魚、鹽等生活用品和一些奢侈品。

在文化方面，兩晉時期是一個文化開創、衝突又融合的時代，是中國文化發展的重要時期之一。文化中心為會稽、建康、洛陽，在官方教育方面，晉朝在中國歷史上首創了國子學，以後歷朝歷代延續，直至封建社會末期。

由於儒教獨尊的地位被打破，使得該時期的文化走向多元發展，不斷地開發新領域與新學說。當時學派除儒教外還有由本土發展的玄學、道教及由印度東傳的佛教，其中道教及佛教在該期間逐漸擴展到一般人民的生活。道家的煉丹術對中國科技史帶來貢獻。

由於兩晉世族生活優越，產生許多優秀的藝術家。同時帶來邏輯思辯的發展，以及老莊的自然觀，玄學開始發展並盛行，湧現出玄學思想的代表「竹林七賢」。

藝術也蓬勃發展，如王羲之及王獻之的書法，顧愷之的繪畫，陶淵明的田園詩，謝靈運的山水畫，以及佛經、佛門故事，雕刻塑像等。

閱讀連結

一次，司馬炎去南郊賞游，他想試試劉毅是不是敢於直諫，就問道：「依卿所見，朕可比漢代哪位君主？」

劉毅直言不諱：「陛下可比桓、靈二帝。」

司馬炎知道此二人是昏君，說道：「朕統一了天下，卿將朕比之於桓、靈二帝，不過分嗎？」

劉毅回答說：「昔日桓、靈賣官，錢入府庫；而陛下賣官，則錢入私囊。由此可見，陛下不如桓、靈二帝也！」

司馬炎說：「桓、靈時代可是聽不到這樣的話呀！」

從此以後，司馬炎變得節儉了許多。

▌分裂對峙的南北朝時期

南北朝是中國歷史上的一段分裂時期，從西元四二〇年劉裕建立南朝宋開始，至西元五八九年隋滅南朝陳為止。在這一時期，上承東晉、五胡十六國，下接隋朝，南北兩勢雖然各有朝代更迭，但長期維持對峙，所以稱為

南北朝。

北朝的朝代有：北魏，北魏又分裂成東魏和西魏，然後是北齊取代東魏，北周取代西魏，北周又滅掉了北齊。南朝則比較簡略，先後是宋、齊、梁、陳。

南北朝時期是中國民族大融合的重要歷史時期，特別是南北文化交流程度最深，對後世影響較大。

西元四二〇年，隨著劉裕宋朝的建立，中國歷史進入南北分裂、南北對峙的階段。

南朝的歷史是門閥士族由盛而衰的歷史，南朝的皇權比較強大，門閥士族社會地位雖然高貴，卻已不能完全左右政局。

隨著江南開發的不斷深入，土著漢人在政治上逐漸上升，步入官僚行列，為皇帝所倚重。從梁陳之際開始，南方內地的土豪，也成為割據的一方勢力。

宋武帝劉宋政權，是南朝疆域最大、最強、統治年代最長的一個政權。時間從西元四二〇年至四七九年。宋武帝出身於軍旅，為人剛毅儉樸，稱帝後仍力行節儉，一時政風甚佳。

他察覺當時世族權勢盛重，君主威權移墜，所以在朝政上重用寒族掌握機要，軍權重鎮則託付給宗室皇族。宗室掌握軍權及政區，因而心生篡位之意，所以皇帝與宗室之間發生多次骨肉相殘的慘劇。至西元四七九年，南朝宋歷四代八帝而亡。

南齊是中國歷史上帝王更換極快的一朝。齊高帝蕭道成於西元四七九年立國，政風節儉，為政清明。然而由於後來爭殺頻繁，國祚短暫，至西元五〇二年，南齊歷三代七帝而亡。

南朝梁是梁武帝蕭衍於西元五〇二年篡位建國。梁武帝為人節儉，勤政愛民，使得梁朝前期國力勝過逐漸混亂的北魏。至西元五五七年，陳霸先篡南朝梁帝位，南朝梁歷三代四帝而亡。

陳武帝陳霸先建立的南朝陳，是中國歷史上朝代名與皇帝之姓重合僅有的一家。南朝陳初建時，中國南方經過了多年的戰亂，經濟遭到了嚴重的破壞，許多地方勢力也紛紛割據。

由於陳武帝無法盡數平定或採取安撫的方式，在此基礎上建立起來的國家，便注定是短命的。南朝陳本來就版圖狹窄，人口孤弱，力量單薄，加之統治者又極度腐敗，至西元五八九年，終於在北方強敵進攻之下，歷三代五帝而亡。

北朝時期自西元四二〇年北魏開始，至西元五八九年隋滅南朝陳為止，經歷北魏、東魏西魏對峙、北齊北周對峙三個時期，並包括隋立國至滅陳時期。北魏、東魏、西魏及北周均由鮮卑族建立，北齊則由胡化漢人所建。

北魏於十六國時期由鮮卑拓跋部所建，前身為代國。前秦於「淝水之戰」崩潰後，代王拓跋什翼犍之孫拓跋珪舉兵復國，都盛樂，改國號為魏，史稱北魏。北魏初期，實行宗主督護制，從五世紀下半期開始，其漢化趨勢加快。而開創了北魏黃金時代的人，則是北魏孝文帝拓跋宏。

孝文帝實行三長制，頒布均田制，遷都洛陽後，又推行了一系列改革鮮卑舊俗的措施。孝文帝大力推行漢化運動，例如全用漢官官制、禁胡服胡語，推廣教育，改姓氏並同漢人世族通婚，禁止歸葬及度量衡采漢制，並頒詔宣布吸收漢族文化。孝文帝企圖透過限制自身文化，來達到與漢族融合的目的。

透過孝文帝的一系列改革，使得漢族的先進文化及先進的政治制度完全融入了北魏的統治中，中國北方已經開始進入了其民族融合的階段。

孝文帝死後，北魏開始走入下坡。西元五三四年，北魏分裂成東魏及西魏後滅亡。

控制東魏的高歡作戰智慧不及控制西魏的宇文泰，他三次戰役俱敗，死傷數萬人。高歡死後，長子高澄繼承霸業，但不久離奇遇刺。其弟高洋繼任後，於西元五五〇年廢殺東魏帝，屠殺東魏皇室，東魏亡。高洋建國北齊，史稱北齊文宣帝。

　　控制西魏的宇文泰在八柱國等將領協助下，有效地抵抗了東魏的進攻，鞏固西魏局勢。當時西魏在經濟及文化不如南朝梁及東魏，宇文泰就命蘇綽等人改革，使得胡漢將領同心協力，維持尚武精神，從而使西魏國力強盛，也影響隋唐的政治制度與集團分佈。

　　西元五五六年宇文泰去世後，其侄宇文護專政。宇文護於隔年廢西魏恭帝，建國北周，立宇文泰子宇文覺為北周孝閔帝。西魏亡。

　　北齊文宣帝於西元五五〇年建國時繼承東魏版圖，他先後擊敗庫莫奚、契丹、柔然、山胡等族，並攻下南朝梁的淮南地區。

　　在經濟方面，農業、鹽鐵業、瓷器業都相當發達。然而齊文宣帝在後期荒淫殘暴，並為了維護鮮卑貴族，屠殺漢人世族。昏庸好色的高緯繼位後，北齊被南朝陳攻下，並在西元五七七年亡於北周。

　　北周孝閔帝於西元五五六年立國時繼承西魏版圖。當時朝政由堂兄宇文護掌握，周孝閔帝意圖聯合趙貴、獨孤信推翻宇文護，但被其發現，趙貴、獨孤信兩人被殺，周孝閔帝也在隔年先廢後殺。

　　宇文護改立宇文毓為帝，即周明帝，但隨後又毒死周明帝改立宇文邕，即周武帝。周武帝採取韜晦之計親掌朝政。他在任內推動多方面的改革，使北周國力更盛。

　　西元五七八年，周武帝在南征南朝陳後逝世，太子宇文贇繼立，即周宣帝。周宣帝荒淫昏庸，迷信佛道二教，立五位皇后並奪人妻子。北周發生內亂，使得南朝陳得以維持下去。此時，北周開國元勳楊忠之子楊堅，開始集結周廷文武諸臣，形成一股龐大的集團。西元五八一年楊堅代周為帝，即隋文帝，改國號隋，北周亡。

　　隋文帝於西元五八八年發動滅陳之戰，隔年攻陷建康，南朝陳亡，中國再度統一。至此，南北朝時期結束。

　　南北朝雖然是中國一個分裂的朝代，但在同存過程中，雙方在各個方面相互採借，在農業、手工業、商業，以及文學、藝術、科技等領域取得了可觀的成果。

　　例如：農業領域的士族田莊的興盛，農業生產重要力量的自耕農人口的增加；手工業領域的絲、綿、絹、布及瓷器燒製，還有造船造紙等；商業領域的水陸貨物交易。

　　文學領域的南朝華麗纖巧風格如《孔雀東南飛》，北朝豪放粗獷風格如《木蘭詩》，以及文學研究方面的劉勰的《文心雕龍》和蕭統的《昭明文選》；藝術領域的北朝石窟造像和南朝陵墓雕刻，以及楷書碑刻等；科技領域的地理學研究如酈道元的《水經注》，賈思勰的《齊民要術》，祖沖之的圓周率等。

南北朝時期所形成的文化，在隋朝統一天下後，開創出具有開放性和包容性的隋唐帝國。隨後的隋唐盛世，在人類歷史上留下了不朽的一頁。

閱讀連結

北魏孝文帝拓跋宏在推行漢化改革時，有一次跟大臣們一起議論朝政，他說：「你們看是移風易俗好呢，還是因循守舊好呢？」

咸陽王拓跋禧說：「當然是移風易俗好。」

孝文帝說：「那麼我要宣布改革，大家可不能違背。」

接著，孝文帝就宣布幾條法令：改說漢語，違反這一條就降職或者撤職；規定官民改穿漢人的服裝；鼓勵鮮卑人跟漢族的士族通婚，改用漢人的姓。北魏皇室本來姓拓跋，從那時候開始改姓為元。孝文帝改名元宏，就是用漢人的姓。

封建體制完備的隋朝

隋文帝楊堅結束了南北朝分裂局面，建立起一個大一統王朝隋朝。時間從西元五八一年隋文帝建國開始，至西元六一九年皇泰主楊侗被迫禪位為止。共存在了三十七年。隋朝的歷史雖然短暫，但是隋朝的歷史地位卻是不容忽視的，因為盛唐的許多制度都是在隋朝時確立的。

在隋朝初年，隋文帝制定出了一系列政策，這些政策成就了隋初的「開皇之治」。但是在隋朝後期，政局卻土崩瓦解。

　　隋朝是上承南北朝、下啟唐朝的一個重要朝代，這一時代的封建體制基本完備。史學家常把它和唐朝合稱為「隋唐」。

　　隋文帝楊堅平南朝陳後，遷陳朝皇室和百官家屬入關中，同時派北方官吏到江南進行管理。但南方士族認為統一損害了他們的利益，便在陳朝舊境爆發反隋暴動。

　　但「統一」是多數人的呼聲，分裂割據不可能真正獲得江南人民的支持。此外，士族豪強各踞一方，力量分散。隋文帝審時度勢，速派軍事統帥楊素為行軍總管，領兵鎮壓。

　　隋軍兵鋒所指，將反隋勢力各個擊破，用時一年即告平定。士族高門的北遷和這次鎮壓，沉重打擊了江南的割據勢力，鞏固了隋朝政權。

　　在隋文帝統治時期和隋煬帝統治的前期，隋朝先後進行了一系列有利於鞏固統一和強化中央集權的改革。

　　隋文帝剛一繼位，就廢除了西魏、北周時期仿照「周禮」制訂的「六官制」，又綜合參酌魏晉以來的變化，創立三省六部制，這一制度的確立，成為隋朝的行政中樞。

　　三省六部制的創立，是中國古代封建社會的一套組織嚴密的中央官制，它代表著中國官制已經形成了完整嚴密的體系。它後來為唐代繼承和發展，各不同時期的統治者做過一些有利於加強中央集權的調整和補充。

　　隋文帝還對北周制訂的苛重法律進行修改，制訂和修改了隋律，即《開皇律》。隋律以北齊律為基礎進行補充調整，

形成了完整的體系。隋代法律對後世有很大的影響。曾經被東亞各國的法律所取法的唐律即是《開皇律》的繼承和發展。

隋初較重要的改革還有鑄造新五銖錢，從而統一了當時混亂的貨幣，又統一了度量衡。

隋代的這些改革，適應了國家統一，民族融合，門閥制度衰落的歷史發展趨向，因而具有積極意義。同時，實行這些改革，加強了封建國家機器，維護了地主階級專政。

西元六○○年十一月，隋文帝立楊廣為太子。西元六○四年七月，楊廣繼位，這就是隋煬帝。

從隋煬帝繼位開始，幾乎每年都有重役。西元六○四年十一月，他發丁男數十萬人，在今山西、河南省境內夾黃河兩岸掘了兩道長塹。

西元六○五年三月，隋煬帝營建東京，月役丁兩百萬。同時征發河南、淮北丁男前後一百餘萬人開鑿通濟渠，又發淮南民十餘萬人開邗溝，不到半年便完成了這兩項工程。

隋煬帝在統治十四年間，幾乎沒有一年不出去巡遊。他曾三巡江都，三到涿郡，兩至榆林，一遊河右，還在長安與洛陽間的頻繁往還。

伴隨著巡遊，到處建築宮殿，每次出巡，宮人、侍衛和各色隨從人員多達十萬人，沿路供需都一概令地方承辦。這筆費用最後都落在人民的頭上。

隋煬帝的這些勞役征發，完全超出了人民所承擔的限度，在他即位的第五年，就已經有起義發生了。

古往今來：歷代更替與王朝千秋
中古時期 興亡見證

西元六一一年，隋煬帝發動對高麗的戰爭，更大規模地征發兵役和勞役，終於點燃隋末農民起義的燎原大火。在當時，河北、山東是籌備東征的基地，兵役、力役最為嚴重。

西元六一一年，這一地區遭到水災，次年又發生旱災，人民走投無路，起義的戰鼓首先就在這裡敲響。這一年，還有其他地方的起義。後來發展壯大的翟讓領導的瓦崗軍和由杜伏威、輔公祏領導的起義軍，也都在這一二年間組織起來。

在這種局勢下，隋朝政權迅速土崩瓦解。西元六一七年五月，太原留守、唐國公李淵在晉陽起兵，十一月佔領長安，擁立隋煬帝孫子楊侑為帝，改元義寧，即隋恭帝。李淵自任大丞相，進封唐王。

西元六一八年四月十一日，隋煬帝去世，群臣立隋煬帝的另一個孫子越楊侗為帝，改元皇泰，史稱皇泰主。

西元六一八年六月十二日，隋恭帝禪位李淵，十八日，李淵正式稱帝，建立唐朝，為唐高祖。

西元六一九年五月二十三日，王世充廢隋哀帝，兩個月後弒之，隋朝滅亡。

此後，東突厥的處羅可汗曾經派人迎接隋煬帝的孫子楊政道來東突厥，立政道為隋王，把留在東突厥境內的中原人交給政道管治，建立「大隋」，史稱後隋。

西元六三〇年，唐朝出兵滅亡東突厥，另外分兵攻破大隋，後隋朝滅亡。至此，隋政權殘餘全部滅亡。

回顧歷史，隋朝滅亡的教訓。隋朝末年，以李淵為代表的隋朝高官顯貴，以蕭銑為代表的南朝殘餘勢力，以翟讓等為代表的反隋起義等，星羅棋布，鋒鏑鼎沸。

史家有論，稱割據為「土崩」，叛亂為「瓦解」。加上隋煬帝耗費大量人力物資，又四處征討，過度耗費隋朝國力，隋朝頃刻間土崩瓦解，也就不足為奇了。

隋朝在短短的三十八年間，在政治、經濟、文化等領域也有不少建樹。除了建立完備的官制三省制，以及制訂和修改的《開皇律》以外，隋文帝時還設立分科考試制度，取代九品中正制，自此選官不問門第。

至隋煬帝時，又增設進士科。至此，科舉制度正式形成。

科舉制度順應了歷代庶族地主在政治上得到應有的地位的要求，緩和了他們和朝廷的矛盾，使他們忠心擁戴中央，有利於選拔人才，增強政治效率，對中央集權的鞏固起了積極的作用。

隋代是中國瓷器生產技術的重要發展階段。其突出的表現是，在河南省安陽、陝西省西安的墓葬中出土了一批白釉瓷。沼帔白瓷，胎質堅硬，色澤晶瑩，造型生動美觀，這是中國較早出現的白瓷。

隋代青釉瓷器的生產則更廣泛，在河北、河南、陝西、安徽以及江南各省皆有青瓷出土，並發現了多處隋代窯址，會稽為手工業發達地區。

在商業外貿方面，長安和洛陽，不僅是全國政治經濟中心，也是國際貿易的重要城市。

古往今來：歷代更替與王朝千秋

中古時期 興亡見證

　　長安有都會、利人兩市；洛陽有豐都、大同和通遠三市。通遠市臨通濟渠，周圍二十門分路入市，商旅雲集，停泊在渠內的舟船，數以萬計。豐都市周圍通十二門。像這樣規模宏大、商業繁華的都市，在當時的世界上是非常罕見的。

　　南方還有通江達海、商貿繁榮的經濟中心會稽，大運河的建設，也提升了長安、洛陽、會稽的經濟文化交流。

　　隋文帝提倡儒學，把儒家學說提升到治國不可或缺的地位，鼓勵勸學行禮。各地紛紛廣建學校，關東地區學者眾多，儒學一時興盛。

　　王通是隋末大儒與隋朝著名的思想家，諡為「文中子」。

　　王通的孫子王勃是初唐四杰之一，而他的弟子魏徵也是唐朝初年的名臣。他的學說，對後來宋代的理學影響深遠。

　　在科技方面，李春設計和主持建造的趙州橋，是現存世界上最古老的一座石拱橋，比歐洲早七百多年；劉焯制訂的《皇極曆》，是當時最先進的曆法；大運河南通杭州，北通涿州，成為天下貨物集散地；運河沿岸也如雨後春筍般的發展出數座商業城市。

　　大興城的修建不僅是中國古代城市建設規劃高超水準的代表，也是當時國家的經濟實力和科技水平的綜合體現。大興城乃當時的「世界第一城」。

　　隋朝在對外交往上，秉持一種以德服人的觀念。在隋朝看來，各藩屬國定期來朝，宗藩和平相處，是最理想的一種天朝政治秩序。

當然，有時也難免會使用戰爭的手段，不過，那也只是以臣服為目的，而不是要徹底擊滅。正是在這樣一種外交理念的指導下，帝國時代出現了萬邦來朝的恢弘局面。

閱讀連結

某夜，隋文帝做了個噩夢，夢見有位神人把他的頭骨給換了，夢醒以後便一直頭痛。

後來隋文帝遇一僧人，告訴他說：「山中有茗草，煮而飲之當癒。」

隋文帝服之後果然見效。因為上有好者，下必甚焉，所以當時人們競相采啜，並讚歎：「窮春秋，演河圖，不如載茗一車。」苦心鑽研孔子的《春秋》，殫精竭慮去演繹讖書《河圖》，還不如有許多茶喝來得快活。

隋文帝一統天下，結束了南北朝長期的對峙局面，南北的飲茶等風俗文化才得以迅速交融。

▌盛衰可鑒的大唐王朝

唐朝建立者是李淵。時間從西元六一八年由李淵建國開始，至西元九〇七年朱溫篡唐，唐朝滅亡，共歷兩百八十九年，二十位皇帝。

唐朝是中國歷史上統一時間最長，國力最強盛的朝代之一，開創了「貞觀之治」和「開元盛世」，國力極盛。唐朝全盛時在文化、政治、經濟、外交等方面都達到了很高的成

就，是中國歷史上的盛世之一，也是當時世界的強國之一。後期爆發的「安史之亂」，導致大唐盛世由盛轉衰。

唐朝聲譽遠及海外，與南亞、西亞和歐洲國家均有往來，文化藝術極其繁盛，具有多元化的特點。

西元六一八年五月，李淵稱帝，定國號為「大唐」，這就是唐高祖。定都城長安。而後，長子李建成被封為太子，次子李世民為秦王，三子李玄霸早夭，四子李元吉為齊王。

唐朝建立後，李淵派李世民征討四方，剿滅各方群雄。

由於太子李建成貪酒好色，無所作為，唐高祖李淵對其時常加以訓斥，並無意中流露出想要改立秦王李世民為太子的意圖。

太子李建成知道父親有如此想法後，整日惶惶不安，為了保住自己的地位，於是，他聯絡了三弟李元吉，陰謀策劃要除掉李世民。

西元六二六年七月二日，在手下謀臣的極力慫恿下，李世民迫不得已策劃了「玄武門之變」，一舉殺死了李建成與李元吉。

一場骨肉相殘的鬥爭，令他們的父親唐高祖痛心疾首，他迅速面對現實，立李世民為太子。為了防止冤仇相報，永無絕止，高祖被迫忍痛下詔，誅殺建成及元吉諸子，斬斷復仇的根源，以換取朝國的安定。

李淵退位，尊為太上皇，李世民即位，這就是唐太宗，次年改元貞觀。

李世民登上皇帝寶座後，面臨著十分嚴峻的問題。由於隋朝的暴政和多年的戰爭，人民生活困苦，社會生產遭到很大破壞。經歷過隋末農民大起義的李世民，深深知道百姓的力量，於是，他大力著手恢復社會秩序和經濟生產。

李世民善於安撫人心，在「玄武門之變」中，他不得已殺了李建成兄弟。當他登上帝位後，就追封李建成為息王、李元吉為海陵郡王，並下詔以王子之禮將他倆改葬。落葬之日，李世民不僅允許兩宮舊部前去弔唁，而且他還親自參加了葬禮。

唐太宗李世民吸取隋朝滅亡的教訓，非常重視老百姓的生活。同時，唐太宗留心吏治，選賢任能，知人善用，從諫如流，重用魏徵等諍臣；並採取了一些以農為本，厲行節約，休養生息，文教復興，完善科舉制度等政策，使得社會出現了安定的局面。

此外，唐太宗大力平定外患，並尊重邊族風俗，促進了民族關係的融合，穩固了邊疆。唐太宗則被四方諸國尊為「天可汗」。

在唐太宗執政的西元六二七年至六四九年，在君臣的共同努力之下，出現了一個政治清明、經濟發展、社會安定、武功興盛的治世局面，史稱「貞觀之治」。這是唐朝的第一個治世，同時為後來的「開元盛世」奠定了厚實的基礎。

唐太宗晚年，為太子的問題而煩惱，太子李承乾與魏王李泰內鬥，結果太宗廢掉他們兩人，最後立第九子晉王李治為太子。唐太宗死後，李治即位，這就是唐高宗。

　　唐高宗關心百姓疾苦，邊陲安定，百姓阜安，有貞觀之遺風，史稱「永徽之治」。另外，他在位期間，唐朝的領土最大。

　　武則天時期，政局比較穩定，人才也都得到了合理的利用。同時，恢復了安西四鎮，打退了突厥、契丹的進攻。同時，她以溫和的民族政策，接納多元文化的發展。文化事業也有了長足發展。史界稱武則天當政時期為「貞觀遺風」。

　　西元七一二年，李隆基即皇帝位，這就是唐玄宗，又稱唐明皇。

　　唐玄宗在位四十四年，前期政治比較清明，經濟迅速發展，唐朝進入全盛時期，史稱「開元盛世」。

　　這一時期被認為是繼漢武帝、漢昭帝、漢宣帝時期之後，中國歷史上出現的第二次鼎盛局面，是唐朝的全盛時期，首都長安城是當時世界最大的城市。

　　唐玄宗開創了盛世之後，逐漸開始滿足了，沉溺於享樂之中。沒有了先前的勵精圖治精神，也沒有改革時的節儉之風。唐玄宗改元天寶後，志得意滿，決意放縱享樂，從此不問國事。在他納楊玉環為貴妃之後，更加沉溺酒色。

　　唐玄宗任用有「口蜜腹劍」惡名的李林甫為宰相長達十八年之久，使得朝政日漸敗壞，開始出現了宦官干政的局面。

　　唐玄宗晚年好大喜功，為此邊境將領經常挑起對異族的戰事，以邀戰功。又由於當時兵制由府兵制改為募兵制，使

得節度使與軍鎮上的士兵結合在一起，就出現了邊將專軍的局面。其中以胡人安祿山最著。

安祿山掌握重兵，在西元七五五年十一月趁唐朝政治腐敗、軍事空虛之機，和史思明發動叛亂，很快就攻陷了首都長安，史稱「安史之亂」。

唐玄宗嚇得逃到成都，太子李亨在靈武稱帝，是為唐肅宗，唐玄宗為太上皇。安祿山則自稱大燕皇帝，年號聖武。經過八年時間這場叛亂才被平定。

「安史之亂」使得唐朝的元氣大傷，唐朝從此由盛轉衰。此時均田制已經逐步瓦解，土地兼併現象日趨嚴重，租庸調製也無法實行。藩鎮割據的形勢已經形成。自此以後，唐朝外有吐蕃、回紇、南詔等外患，內有宦官掌權，禁軍兵權甚至是皇帝的擁立都由宦官來決定。

唐懿宗與唐僖宗是著名的無能昏君，使唐朝一直走下坡。唐朝後期，戰爭不斷，經濟政治衰退。

西元八五九年爆發農民起義，經過黃巢的打擊，唐朝的基礎被打破，政權名存實亡。

在鎮壓農民起義的過程中，又新興起一批節度使，於是新舊割據勢力相互間展開了劇烈的兼併戰爭。其中黃河流域勢力最大的是河東節度使李克用、汴宋節度使朱全忠和鳳翔節度使李茂貞三人。

西元八八九年，朱全忠奉表逼唐昭宗遷都洛陽，強令朝廷百官隨駕東行，動身後派人盡毀長安宮室、百司及民間廬舍。

　　西元九〇五年，朱全忠大肆貶逐朝官，接著又把崔樞等被貶的朝官三十餘人全部殺死於白馬驛，投屍於河，這次事件史稱「白馬驛之禍」。政治上的阻力已全部掃除，朱全忠遂於西元九〇七年逼唐哀帝禪位於己，改國號梁，是為梁太祖，改元開平，都於開封。唐朝滅亡。

　　唐朝滅亡後，五代的李存勗所建的後唐和十國的南唐都自稱是唐朝的承繼者而用「唐」作為國號。事實上他們的皇帝與唐朝的皇帝並無血緣關係。

　　唐朝在政治、經濟、文化、科技、外交等方面都達到了很高的成就，是中國歷史上的盛世之一，也是當時世界的強國之一。

　　唐朝的疆域在最盛時期東至朝鮮半島，西達中亞死海以西的西亞一帶，南到越南順化一帶，北包貝加爾湖至北冰洋以下一帶，總面積達一千兩百五十一萬平方公里，還有很多無法計算。

　　唐朝周圍守邊的少數民族很多，為有效管理突厥、回紇、靺鞨、鐵勒、室韋、契丹等，分別設立了安西、安北、安東、安南、單于、北庭六大都護府。

　　在軍事上，軍力強大是唐代的一個鮮明的特點。當時唐朝在亞洲軍事制度，經濟和科技的優勢都是取得戰績的基礎。唐朝是秦漢以來第一個不築長城的統一王朝。

　　唐朝農業生產工具又有新的進步。曲轅犁就出現在唐朝。還出現了新的灌溉工具水車和筒車。耕地面積和糧食產量都

有提高。官倉存糧接近一億石。人口也大幅度增長，比如天寶年間，全國人口已經達八千萬之多。

唐朝前期主要手工業有紡織業、陶瓷業和礦冶業。唐後期，南方手工業大幅進步，特別是絲織業、造船業、造紙業和製茶業。

唐朝的科技和文化興旺發達。唐朝最令人矚目的文學成就可算唐詩。自陳子昂和「初唐四傑」起，唐朝著名詩人層出不窮，他們的詩成為了中國古詩不可踰越的巔峰。

天文學家僧一行在世界上首次測量了子午線的長度；藥王孫思邈的《千金方》是不可多得的醫書；西元八六八年，中國《金剛經》的印製是目前世界上已知最早的雕版印刷。

在繪畫方面，唐朝吳道子、閻立本、張萱和周昉等，都堪稱一代大師，影響深遠。

唐朝的雕刻藝術同樣出眾。敦煌、龍門、麥積山和炳靈寺石窟都是在唐朝時期步入全盛。

唐朝時期，書法家輩出。顏真卿、柳公權、張旭和懷素等，各自形成了風格獨特的書體，很多作品成為後世臨摹的範本。

唐朝由於經濟發達，文化在當時也處於世界領先的地位，與世界許多國家的文化交流非常頻繁。

那時的新羅、高句麗、百濟、渤海國和日本等周邊屬國在其政治體制與文化等方面都受到唐朝的很大影響。

此外，西元六四一年，唐太宗派人護送文成公主到吐蕃，與松贊干布結婚。唐蕃結親，唐朝的先進文化傳到了吐蕃。

西元七九四年，唐朝與南詔在點蒼山會盟，雙方建立了良好的關係。

大唐王朝，曾以其恢弘氣度和開放胸懷書寫了中國歷史最為強盛的一頁，令無數後人追懷仰慕不已。大唐近三百年的歷史，有著無數的故事，承載著大唐帝國的滄桑和輝煌。

閱讀連結

有一年，唐太宗派人徵兵。

有個大臣建議，不滿十八歲的男子，只要身材高大，也可以徵。唐太宗同意了。但是詔書卻被魏徵扣住不發。

唐太宗很生氣。

魏徵說：「把湖水弄乾捉魚，雖能得到魚，但是到明年湖中就無魚可撈了。如果把那些身強力壯、不到十八歲的男子都徵來當兵，以後還從哪裡徵兵呢？國家的租稅雜役，又由誰來負擔呢？」

良久，唐太宗說道：「我的過錯很大啊！」於是，又重新下了一道詔書，免徵不到十八歲的男子。

近古時期 政權劇變

　　從五代十國至元代是中國歷史上的近古時期。五代十國作為唐宋之間的一個特殊時期，是我們不能繞開的。

　　宋朝的滅亡在於當權者短視、貪婪、懦弱，以至於在風雨飄搖中滅亡。

　　元朝雖然統一了全國，但破壞了國家生產力，阻礙了兩宋時期科技文化的繼續繁榮發展。另一方面，元朝又一次打通了絲綢之路，為東西的交流做出了貢獻。在元代後期，由於社會矛盾的加劇，不足百年的元朝政權被朱元璋率領的農民起義軍推翻。

▌短暫割據的五代十國

　　五代十國，一般又簡稱五代，起止時間是西元九〇七年唐朝滅亡至西元九六〇年宋朝建立。五代是指後梁、後唐、後晉、後漢與後周五個依次更替的中原朝廷。西元九〇七年，汴州朱溫篡唐建立後梁，五代十國開始。

　　至西元九六〇年，後周被趙匡胤所篡，五代從此結束。在五代更迭的過程中，中原地區前後存在過前蜀、後蜀、吳、南唐、吳越、閩、楚、南漢、荊南、北漢十個割據政權，合稱十國。它們在短暫的割據後，先後融入到中國歷史發展的滾滾長河之中了。

古往今來：歷代更替與王朝千秋

近古時期 政權劇變

　　中國古代以正統史觀為主，因五代建立於中原地區，佔據著原唐朝都城的中央地區，以正統自據，故後來的史學家著五代史。五代為期五十四年，有八個姓稱帝，共十四君。

　　自黃巢之亂結束後，唐朝名義上還存在二十餘年。但朝廷威權這時更加衰微，新舊藩鎮林立，戰爭不休。國家分裂的傾向日益明顯。

　　西元九○七年，朱溫滅唐稱帝，是為後梁太祖，國號梁，史稱後梁，改元開平。五代時期自此正式開始。

　　朱溫本是黃巢的大將，降唐後受封為宣武節度使，據守汴州。此後，他逐漸攻佔了蔡、徐、鄆、曹、齊、濮等州，掃除了今華北許多割據勢力。

　　西元九○三年，又戰敗稱霸秦隴、挾持唐昭宗，消滅了長期掌握朝廷軍政大權的宦官集團。中唐以來的強藩魏博、成德也因戰敗歸附朱溫。後梁建國以後，除今山西省大部和河北省北部外，基本統一了黃河中下游地區。

　　西元九一二年，朱溫為其次子朱友珪所殺。次年，第三子朱友貞平亂後，即帝位。此後，後梁連年用兵，徵斂苛重，國勢日衰。

　　西元九二三年，李存勖在魏州即位，是為莊宗，改元同光，國號唐，史稱後唐。同年，他派兵南下，攻佔開封，梁末帝朱友貞自殺，後梁亡。後唐統一了華北地區。不久，後唐遷都洛陽。西元九二五年，後唐又派兵六萬人攻滅前蜀。

　　但李存勖寵任伶官、宦官，朝政不修，又任用租庸使孔謙敲剝百姓，統治出現了危機。

西元九二六年，魏州驕兵發動叛亂，後唐莊宗李存勗在一片混亂兵變聲中被殺。其後，國內陷入混亂狀態。

河東節度使石敬瑭是明宗的女婿。他乘後唐內亂，於西元九三六年夏向契丹稱臣，並認契丹主耶律德光為父，以幽薊十六州為代價換取契丹援助。

十一月，契丹主耶律德光冊立石敬瑭為帝於太原，是為後晉高祖，改元天福，國號晉，史稱後晉。閏十一月，石敬瑭攻入洛陽，後唐亡。

西元九三七年，後晉遷都汴州，三年後升為東京開封府。

石敬瑭除割地外，還歲貢絹三十萬匹和其他玩好珍異之物。西元九四二年，石敬瑭死，侄石重貴繼位，史稱「出帝」或「少帝」。他在主戰的景延廣等人影響下，對契丹頗不恭順。耶律德光便在降將趙延壽等人協助下，與後晉交戰五年。

西元九四六年十二月，契丹軍攻下開封，俘虜石重貴，將其北遷，後晉滅亡。

劉知遠是後晉的河東節度使。當後晉與契丹交戰時，他廣募士卒，聲言防備契丹，但卻按兵不動。待遼帝將出帝遷往北方後，他於西元九四七年二月在太原稱帝，是為後漢高祖，仍用天福年號。隨後，他統兵南下，定都開封，改國號為漢，史稱後漢。

劉知遠死後，護國、永興、鳳翔三節度使抗命。後漢雖出兵討平，朝廷內部將相衝突又趨激化。西元九五○年冬，隱帝劉承祐不甘受將相所制，殺楊邠、史弘肇、王章等權臣，又派人去謀害鄴都留守郭威。

郭威當時出鎮鄴都，督撫諸將，北禦遼國。隱帝殺他未成，郭威遂引兵南下，攻入開封，隱帝被亂兵所殺，後漢亡。

西元九五一年正月，郭威即帝位，是為後周太祖，改國號為周，史稱後周，仍都開封。後周從政治、經濟和軍事方面進行了一系列改革，開始改變中國北方的殘破局面。

西元九五五年，後周世宗柴榮出兵擊敗後蜀，收復秦、鳳、成、階四州。此後，又親征南唐，得淮南、江北十四州。

西元九五九年，又收復了遼佔領的莫、瀛、易州。同年，柴榮病死。次年，趙匡胤取代後周，建立北宋。

十國及其餘政權為割據勢力，與五代並存，但各存在時間長短不一，如吳越，割據於唐亡以前，直至五代結束後才為北宋所滅。

唐朝末年，王建據有西川，後又取東川。西元九○三年受唐封為蜀王，佔地北抵漢中和秦川，東至三峽。西元九○七年，王建稱帝，建都成都，國號蜀，史稱前蜀。

蜀土十分富饒，但自西元九一八年後主王衍繼位後，蜀國朝政濁亂，賣官風氣盛行，賦斂苛重。西元九二五年，莊宗派兵攻滅前蜀，任命董璋為東川節度使，孟知祥為成都尹、西川節度使。

孟知祥訓練兵甲，後攻取東川，殺董璋。西元九三三年，後唐封他為蜀王、東西川節度使。

次年，孟知祥稱帝，建元明德，重建蜀國，史稱後蜀，仍建都於成都。

同年，孟知祥死，其子孟昶繼位。契丹滅後晉之際，後蜀又得秦、成、階、鳳四州，擁有前蜀的故地。孟昶統治後期，君臣奢縱無度。西元九六五年，為宋所滅。

唐朝末年，楊行密據淮南二十八州，西元九○二年受唐封為吳王，都廣陵，傳四主。當時，大將徐知誥掌握大權，他訪求賢才，杜絕請託，減輕賦斂，二十餘年間休兵息民，國家得以富強。

西元九三七年，徐知誥廢吳帝，自己稱帝，國號大齊，改元升元。次年改姓名為李，改國號唐，史稱南唐，都金陵。

南唐佔有今江蘇、江西省和皖南、鄂東南等廣大地區。李對外結好鄰邦，對內整飭朝政，並禁止壓良民為賤民，派人視察民田，按肥瘠分等收稅和調兵派役，史稱江淮之地，「頻年豐稔」。

西元九四三年，李死，其子李璟繼位。西元九五八年，李璟獻江北、淮南十四州。稱臣於後周。西元九六一年，李璟死，子李煜即位，是為後主。西元九七五年，宋發兵南下渡江，攻破金陵，後主李煜被俘，南唐亡。

錢鏐在唐末佔據浙西地區。後來，他吞併浙東，佔有兩浙十餘州之地。唐昭宗任他為鎮海、鎮東節度使。西元九○七年，後梁封他為吳越王。

吳越國土狹小，北鄰強大的吳。錢鏐戒約子孫，世代交結中原朝廷，藉以牽制吳和南唐的侵擾。錢氏統治的八十多年間，吳越地區相對安定，經濟繁榮。

西元九七八年，錢俶納土入朝，吳越亡。

王潮、王審知兄弟在唐末佔有福建全境，唐昭宗任王潮為節度使。西元九〇九年，後梁封王審知為閩王。王審知統治近三十年，他力行節儉，輕徭薄斂，境內富實安定。

審知死後，國內常有亂事，政局非常不穩。閩政權的繼承者都崇信道教巫術，他們大興土木，除了蓋宮殿外，還營造了許多工程浩大的道觀。費用不足，便公開賣官鬻爵，橫徵暴斂。西元九四五年，閩為南唐所滅。

馬殷在唐末佔有潭、衡諸州，被任為湖南節度使，進而佔有桂管的梧、賀等州。西元九〇七年被封為楚王，在長沙建宮殿，專制一方。馬殷死後，諸子紛爭，政刑紊亂。

西元九五一年，南唐發兵滅楚。唐朝末年，嶺南東道節度使劉隱，逐漸平定割據勢力。以後，據有西自邕州、東至潮州的嶺南廣大地區。

西元九一七年，其弟劉岩稱帝，國號越，不久改稱漢，史稱南漢，都番禺。劉岩及其繼承人都殘暴荒淫。

西元九七一年，南漢為宋所滅。

西元九〇七年，後梁大將高季興被任為荊南節度使，駐守江陵。西元九二四年後唐封他為南平王，所以荊南又稱南平。荊南原有地八州，唐末，多被鄰道所佔。高季興割據後，南平僅佔有荊、歸、峽三州，在十國中最為弱小。其統治者只有向四周各國稱臣，求得賜予。

西元九六三年，南平為宋所滅。

西元九五一年，當郭威滅後漢稱帝時，劉知遠弟太原留守劉崇也佔據河東十二州稱帝，仍以漢為國號，史稱北漢。北漢土瘠民貧，賦役繁重。統治者結遼為援，守境割據。西元九七九年，宋兵攻克太原，北漢亡。

除了五代十國以外，還有不少割據政權。如李克用稱晉王於河東，建立的獨立晉國，是後唐的前身；劉守光建立的燕國於河北北部，史稱「桀燕」；李茂貞稱岐王於鳳翔，建立獨立的岐國；党項羌拓跋氏雄踞夏、綏等地，即定難節度使，成為西夏王朝的前身。

此外，在唐朝滅亡的同年，耶律阿保機統一了契丹八部，勢力日強，西元九一六年建立契丹國。後唐時，契丹攻滅渤海國，南向爭奪中原。西元九四七年，改國號大遼，改元大同。自此以至於北宋，一直與中原王朝對峙。

五代十國的建國者多是唐末的節度使，他們能建立政權是因為手中擁有強大兵力。因此在建國以後，為了鞏固統治，他們都設法削弱地方實力。長期稱雄的河儿諸鎮在後梁、後唐之際被制服以至被消滅，就是因為自後梁始，禁軍開始強化。

禁軍除了用以捍衛京師和皇宮外，還被派駐各地，藉以牽制和削弱藩鎮的實力。朝廷還頻繁調動節度使，更換其駐地，以防止他們長期佔據一方，形成割據勢力。

節度使往往兼其他職務，有的因此不能親臨鎮所。一些地廣兵強的藩鎮，也由於地域被一再分割，勢力大為削弱。

藩帥在該轄區內任命刺史、縣令的權力，逐漸被收歸中央對他們舉薦、使用幕僚，也有不少限制。

當然，這些措施並沒有在各地全部實行，驕兵逐帥、帥強叛上的情況依然存在。但就節度使本身而言，透過以上的削藩措施，它的實力已比唐代減弱。

五代十國時的刑法，基本行用唐代的律令格式和編敕，但因歷朝又都有新頒的敕條，彙編附益，使得前後重複矛盾。

唐末黃巢起義後，長達六七十年內，大小戰事不停。華北地區的兵役和各種勞役異常繁重。戰爭破壞和苛重賦役促使人民數以萬計餓死或流徙他處。

唐末以來，南方雖也不免遭到戰爭的破壞，但在十國時期，重大戰事較少，政局也較安定，有利於社會經濟的恢復和發展。

自漢魏六朝以來，成都平原和太湖流域社會經濟持續發展。蜀地富庶，前、後蜀時內部相對穩定，又注意興修水利，「廣事耕墾」。褒中一帶還興辦了屯田，農業生產比較發達。

吳、南唐、吳越所在的長江中下游地區，大批荒地得到了開墾。吳越在浙東沿海修築了捍海石塘，以防海潮侵襲又募民開墾荒田，免徵田稅，使兩浙成為東南的富庶地區。

唐末，北方大亂，不少人以「嶺外最遠，可以避地」，遷至南漢統治地區。長期安定的環境有利於發展生產，府庫逐漸充實。

諸國混戰雖然嚴重破壞了社會經濟，但社會生產仍未中斷。即使在華北地區，後梁建國初和後唐明宗在位時，都曾分別採取某些恢復生產的措施。後周時，手工業如紡織、造紙、製茶、曬煮鹽等生產也有所發展。

瓷器製造和雕版印刷業的成就尤為突出，南方和北方都有精製的瓷器，也都出現了雕版印刷。

由於諸國林立，兵禍連年，商貿往來受到了嚴重影響。但通商貿易、互通有無是大勢所趨。華北需要的茶葉經常透過商人南來販運，南方茶商的行蹤也遠至河南、河北，他們販賣茶葉，買回繒纊、戰馬。江南人所需的一部分食鹽也依賴華北供應。

北方諸國從契丹、回鶻、党項買馬。蜀向西邊各少數族買馬。南方的吳越、南唐、楚、南漢等國，以進貢方式和北方進行貿易。吳越、閩國與北方的貿易主要是透過海路。

對外貿易也很興旺，東自高麗、日本，西至大食，南及占城、三佛齊，都有商業往來。福州、泉州、廣州都是外貿重要港口。吳越、吳國和南唐從海外輸入「猛火油」使用，還從海道再輸往契丹。

唐末，雕版印刷較發達的西蜀，印刷品主要是占卜書、字書等。史學也取得了重要的成績。《舊唐書》是這一時期撰成的最重要史學著作。

五代十國是詞的重要發展時期。西蜀和南唐詞人較多，水平也較高，從而成為兩個中心西蜀有韋莊、歐陽炯等人，他們的作品後來由趙崇祚等收入《花間集》，南唐有馮延巳、

中主李璟、後主李煜等人。李璟父子的作品，後人集刻為《南唐二主詞》。李煜是這一時期最重要的詞人。

五代十國的著名畫家有後梁的荊浩、關仝，南唐的董源、巨然、徐熙，後蜀的黃筌等人。荊浩擅長畫崇山峻嶺，關仝師承荊浩而有發展，擅長畫關河之勢，兩人並稱為「荊關」，是五代時北方山水畫的主要流派之一。

董源、巨然擅用或濃或淡的水墨描繪江南景色，兩人並稱為「董巨」，是五代北宋時南方山水畫的主要流派之一。黃筌擅畫宮廷的珍禽異卉，徐熙擅畫江湖上的水鳥汀花，兩人並稱為「黃徐」，當時有「黃家富貴，徐熙野逸」的諺語。此外，顧閎中所畫《韓熙載夜宴圖》，也為傳世的藝術珍品。

閱讀連結

朱溫小名叫朱阿三，小的時候，才智平平，也喜歡弄棒使棍，和小孩子廝鬧。

有一次他和一個小夥伴吵架，那個小夥伴便取下身邊的長棍，向朱溫打去。

朱溫不慌不忙，一手奪住，隨即折為兩半。

此時恰好遇見那孩子的母親，母親問明情況，喝斥道：「你休得如此，朱阿三他可不是一般人，我曾經看到他睡的地方有一條紅色的蟒蛇盤在身上，而且鱗甲森森，光芒閃閃，有人說他是真龍附體，你休去招惹。」

從此以後，沒人再惹朱溫了。

▌風雨飄搖的兩宋王朝

宋朝是中國歷史上承五代十國、下啟元朝的時代，根據首都及疆域的變遷，可再分為北宋與南宋，合稱兩宋。

宋朝的建立者是趙匡胤。北宋和南宋分別建都於汴梁和臨安。宋朝的存在時間是從西元九六〇年趙匡胤建立宋朝，至西元一二七九年厓山海戰結束為止。

宋朝是結束五代十國紛亂建立起的國家政權。在兩宋時期，中國各民族呈現空前大融合，商品經濟空前大發展，外交及文化藝術取得了豐碩的成果，堪稱中國歷史上最輝煌的時期。

北宋開國皇帝趙匡胤起初投奔後漢大將郭威，因喜愛武藝，得到了郭威的賞識。後他又參與擁立郭威為後周皇帝，被重用為典掌禁軍。周世宗柴榮時，他又因戰功而升任殿前都點檢，掌握了後周的兵權，併負責防守後周國都汴梁。

西元九六〇年，趙匡胤以「鎮定二州」的名義，謊報契丹聯合北漢大舉南侵，領兵出征，發動「陳橋兵變」，黃袍加身，廢去周世宗柴榮，趙匡胤稱帝，建立宋朝，定都汴梁。史稱「北宋」，趙匡胤就是宋太祖。

宋太祖在開國之初，所面臨的一項重要事業就是統一全國。他與老將趙普雪夜商討，最後決定以先南後北為統一全國之步驟。

宋太祖首先行假途滅虢之計，滅亡了南平和楚。之後又滅亡後蜀、南漢、南唐三國。

為了統一全國，他還設立封樁庫來儲蓄錢財布匹，希望日後能夠從遼朝手中贖買燕雲十六州。

西元九七六年八月，宋太祖在進行北伐時忽然去世，其弟趙光義即位，廟號太宗。宋太宗穩固統治地位後，繼續國家統一事業，滅亡北漢，進行北伐，曾經一度收復易州和涿州。

宋真宗趙恆在位期間，奉行黃老政治，無所作為。當時的遼朝見機經常在宋遼交界處搶劫殺掠，至西元一〇〇四年終於演變成大規模侵宋戰爭。宰相寇準力主抗戰，結果宋真宗親征，宋軍士氣大振，與遼軍相持在澶州城下，遼軍被迫求和。經過幾番交涉，兩國議和成功。

宋神宗趙頊在位期間，銳意改革，啟用著名改革派名臣王安石進行朝政改革，將其任命為參知政事。王安石推行的新法包括均輸、青苗、免役、市易、保甲、保馬、方田均稅等。

新法的實行雖然大大增加了國家的財政收入和耕地面積，使北宋積貧積弱的局面得以緩解。但是卻嚴重增加了平民的負擔。

宋徽宗趙佶即位後，專好享樂，對朝政毫無興趣，政務都交給以蔡京為首的六賊。宋徽宗本人又好大喜功，當他看到遼國被金國進攻後，便派遣使節與金國商議共同攻遼，北宋負責攻打遼的南京和西京。滅遼後，燕雲之地歸宋。此即為海上之盟。但宋朝軍隊卻被打得大敗，被金兵掠去燕京的人口，並克營、平、灤三州。

西元一一二五年，金兵分兩路南下攻宋。宋徽宗嚇得立刻傳位其子宋欽宗趙桓。宋欽宗患得患失，在戰和之間舉棋不定。

西元一一二六年九月，太原淪陷。十一月，開封外城淪陷，金軍逼著宋欽宗前去議和，要求索要大量金銀。宋欽宗在金國的逼迫下大肆搜刮開封城內財物。開封城被金軍圍困，城內疫病流行，餓死病死者不在少數。

西元一一二七年，宋欽宗被金國廢位，貶為庶人。宋徽宗被迫前往金營。結果徽欽二宗被金人掠到五國城。此外，北宋後宮和大量官民女眷被抵押給金國，史稱「靖康之恥」或「靖康之禍」。徽宗被封為昏德公，欽宗被封為重昏侯。最後兩人客死異鄉五國城。

金國在靖康之難中俘虜了眾多的宋朝宗室，但康王趙構僥倖逃脫。西元一一二七年，趙構南下到陪都南京應天府即位，這就是宋高宗，改元建炎。

之後，宋高宗一路從淮河、長江到紹興率百官遙拜二帝，恢復宋朝。並將紹興升為紹興府，以紹興為行都，後以臨安為行在。

金國繼續一路南撲，由於南方天候潮濕河道縱橫，加上南宋軍民的英勇抗戰，金主帥完顏宗弼決定撤兵北上。在北撤到鎮江時，被宋將韓世忠斷掉後路，結果被逼入黃天蕩。

宋軍以八千人之兵力圍困金兵十萬，雙方相持四十八天，最後金軍用火攻才打開缺口，得以逃脫。金軍於北撤途中，又在建康被岳飛打敗，從此再不敢渡江。

古往今來：歷代更替與王朝千秋

近古時期 政權劇變

西元一二三五年，蒙軍首次南侵，被擊退。蒙軍並不甘心失敗，於次年和第三年兩次南侵，其前部幾乎接近長江北岸。由於宋軍奮勇作戰，打敗蒙軍，再一次挫敗蒙軍度江南下的企圖。在以後的很長一段時間，南宋軍民又多次擊敗蒙軍，使其不得冒進。

西元一二五九年，蒙古大汗蒙哥在與宋軍征戰中被流矢所傷死於軍中，其弟忽必烈聽到消息後，立即返回北方自立為汗。西元一二七一年，忽必烈建國，取國號為元。

西元一二七四年，宋度宗去世，其長子趙顯即位。當時，宋朝的統治已進入癱瘓狀態。

西元一二七五年春，元軍攻克南宋軍事重鎮安慶和池州，威逼建康，長江防線崩潰。朝野大震。不久，常州、平江相繼淪陷，臨安人心惶惶。

西元一二七六年農曆二月初五，臨安城裡舉行受降儀式。在眼看亡國之際，趙氏子孫趙昰和趙昺被大臣保護逃出臨安。趙昰在福州即位，是為宋端宗。

西元一二七六年十一月，蒙軍逼近福州，十一月十五日，宋朝大臣陳宜中、張世傑護送趙昰和趙昺乘船南逃，從此小朝廷只能海上行朝。

西元一二七八年春，小朝廷抵達雷州。四月十五日，年僅十一歲的趙昰去世。陸秀夫與眾臣擁戴趙昺為帝。

在元軍猛攻下，雷州失守，小朝廷遷往厓山，即今天的廣東省新會。元軍在北方漢人將領張弘範率領下緊追在後，對厓山發動總攻。宋軍無力戰鬥，全線潰敗。趙昺隨陸秀夫

及趙宋皇族八百餘人集體跳海自盡。世人不恥張弘範，特於此立碑嘲之：宋張弘範滅宋於此。

至此，宋朝徹底滅亡。

宋朝滅亡是「厓山之後無中國」，但是宋朝的經濟繁榮程度可謂前所未有，農業、印刷業、造紙業、絲織業、製瓷業均有重大發展。航海業、造船業成績突出，海外貿易發達，和南太平洋、中東、非洲、歐洲等地區五十多個國家通商。

南宋時期對南方的開發，促成江南地區成為經濟文化中心。兩宋的科技成就，不僅成為中國古代科學技術史上的一個高峰，而且在當時的世界範圍內也居於領先地位。

別的且不說，就對整個人類文明發展產生重大而深遠影響的中國古代四大發明，其中的三項即活字印刷、火藥、指南針，就是在兩宋時期完成或開始應用的。

此外，在醫學和數學方面也取得了輝煌成就。

宋朝文學十分發達，詩、詞、散文都有偉大成就。完成了古文運動。在「唐宋八大家」中，宋人佔了六家。詞達到全盛。話本在中國文學史上開闢了新的紀元。

宋朝外敵頻繁，外交的重要性日益增加。針對不同的外交對象，給予不同的館待禮遇，並使之專門化。宋朝奉行朝貢體制，然而將重心放在政治利益與經濟利益，也就是「來則不拒，去則不追」。這樣既有利於外交往來，又給朝廷帶來實惠，使外交和經濟獲得雙贏。

閱讀連結

宋太祖趙匡胤年輕時隨身總是攜帶一根盤龍棍，時不時舞上一陣。他整天泡在賭場上，輸多贏少。一個盛夏的夜晚，晝夜狂賭使他口乾舌燥，就到一片瓜地去偷瓜。

結果被看瓜的王老漢逮個正著，管他要一文錢。

趙匡胤實在找不到錢，便把盤龍棍遞給王老漢作為抵押。

王老漢拿過盤龍棍，嘆道：「可惜呀！這條盤龍棍拿在你手裡，卻只能在賭場上耍威風、瓜棚裡作為押頭！」

王老漢幾句肺腑之言，說得趙匡胤無地自容。後來，他再也沒去賭博。

▌黃金家族的餘暉元朝

元朝全稱大元大蒙古國，由蒙古族元世祖忽必烈所建。時間從西元一二七一年忽必烈稱帝開始，至西元一三六八年明軍攻佔元大都為止。元朝的統一，結束了藩鎮割據局面，推動了多民族統一國家的鞏固和發展。

元朝實行一省制，在中央設中書省，左右丞相和平章政事處理政務。地方實施行省制度，開中國行省制度之先河。商品經濟和海外貿易比較繁榮。其間還出現了元曲和散曲等文化形式。

但元朝的整體生產力不如宋朝，後期因統治腐敗和民族壓迫，導致農民起義，元朝在全國的統治結束。

西元一二七一年，蒙古大汗忽必烈稱帝，公佈《建國號詔》法令，取《易經》中「大哉乾元」之意，正式建國號大元。第二年，在劉秉忠規劃下，建都於金國中原的大都。

西元一二七三年，蒙元鐵騎攻陷樊城。不久，襄陽守將呂文煥歸降。隨後，丞相伯顏督率大軍沿江東下，南宋守將或敗或降。

西元一二七六年，臨安歸降，宋恭帝投誠。之後，南宋大臣文天祥與張世傑、陸秀夫等人在東南沿海繼續頑抗。

西元一二七八年，文天祥兵敗被俘，被囚於大都三年之久，拒絕了大元的招安，後從容就義。

蒙古軍滅亡南宋後，曾進攻過周邊一些地區，如安南、占城、爪哇和日本等，其中以試圖入侵日本的戰爭最為著名。蒙古曾經於西元一二七四年和一二八一年兩次入侵日本，但都因為內部不和、不習水戰，以及遭遇颱風等原因而招致慘敗。

從攻南宋以來，連年戰爭，加以宮廷廩祿、宗藩歲賜，都需要巨額經費來支持。為此，統治階層出現了與官員之爭。以許衡為首的儒臣派官員認為，元朝應該節省經費、減免稅收。

以色目人阿合馬為首的理財派官員認為，南人藏有大量財物，應沒收以解決朝廷的財政問題。於是這個爭論在朝中沒有停止。

古往今來：歷代更替與王朝千秋

近古時期 政權劇變

　　忽必烈信任色目官員阿合馬，設立尚書省解決財政問題。
而儒臣則以受漢化更深的太子真金為核心形成一派，與阿合
馬抗衡。結果阿合馬被刺殺，而真金也於其後得病而死。

　　為瞭解決財政困難，忽必烈曾經設立尚書省來解決這個
問題。尚書省的理財政策主要包括：增加稅收、興鐵冶、鑄
農器官賣、變更鈔法等，使國家的收入顯著增加。

　　但由於吏治腐敗，專注搜刮，成為阻礙社會經濟發展的
重要原因之一。同時，為了對外戰爭，打造東征海船，沿海
和江南地區徭役征發日益加重。人民不堪沉重的剝削與壓迫，
紛紛起義。

　　西元一二九四年，忽必烈駕崩，鐵穆爾即位，是為元成
宗。元成宗停止對外戰爭，專力整頓國內軍政。採取限制諸
王勢力、減免部分賦稅、新編律令等措施，使社會矛盾暫時
有所緩和。同時，發兵擊敗西北的海都、篤哇等，使西北長
期動亂局面有所改觀。

　　元成宗在位期間基本維持守成局面，但濫增賞賜，入不
敷出，國庫資財匱乏，鈔幣貶值。晚年患病，朝政日漸衰敗。
他執政末年還成功與長期敵對的窩闊臺汗國和察合臺汗國講
和，徹底結束了西北的動亂局面。

　　西元一三〇七年，元成宗去世，海山即位於元上都，是
為元武宗。元武宗為了擺脫財政危機，下令重新設立尚書省，
並印發至大銀鈔，結果導致至元鈔大為貶值。不久，他與察
合臺汗國瓜分了窩闊臺汗國，窩闊臺汗國從此滅亡。

西元一三二〇年，元英宗碩德八剌即位。他繼承了元仁宗的以儒治國政策，加強中央集權和官僚體制，西元一三二三年下令編成並頒布元帝國正式法典《大元通制》。

元英宗還下令清除朝廷中鐵木迭兒的勢力，但此後的內部爭鬥更加激烈。隨著清理的擴大，再加上朝廷中的蒙古保守勢力對元英宗以儒治國的施政不滿，導致鐵木迭兒的義子鐵失在去上都避暑之機，在上都以南一個名叫南坡的地方，刺殺了元英宗及宰相拜住等人，史稱「南坡之變」。

元英宗被行刺後，鎮守和林的晉王甘麻剌的長子，真金的長孫，也孫鐵木兒率兵南下，殺掉行刺元英宗的叛臣後即位，是為元泰定帝。元泰定帝即位後，封被元英宗放逐到海南島的圖帖睦爾為懷王，鎮守建康。

西元一三二八年，元泰定帝死。丞相倒剌沙在上都奉泰定帝之子阿剌吉八為帝，是為元天順帝。而與此同時，元武宗的舊部重臣燕鐵木兒與河南行省丞相伯顏則分別祕密向漠北和江南遣使，同時迎接周王和世剌與其弟圖貼睦爾。結果，圖帖睦爾先至大都，在西元一三二八年自立為帝，是為元文宗。

元文宗大興文治。西元一三二九年，札牙篤汗設立了奎章閣學士院，掌進講經史之書，考察歷代治亂。又令所有勛貴大臣的子孫都要到奎章閣學習。

奎章閣下設藝文監，專門負責將儒家典籍譯成蒙古文字，以及校勘。同年下令編纂《元經世大典》，兩年後修成，為

元代一部重要的記述典章制度的巨著。但元文宗在位期間，丞相燕帖木兒自恃有功，玩弄朝廷，導致大元朝政更加腐敗。

元文宗於西元一三三二年去世前，遺詔立年僅七歲的懿璘質班為帝，是為元寧宗。但元寧宗僅在位不到兩個月即去世，不久後燕帖木兒也去世。元明宗的長子妥歡貼睦爾被札牙篤汗皇后卜答失里從靜江召回並立為帝，是為元惠宗，又稱「元宣仁普孝皇帝」。

元惠宗在位之初，右丞相伯顏的勢力很大，把持著朝政，甚至一度不把元惠宗放在眼裡。隨著時間的推移，元惠宗與伯顏的矛盾日益尖銳，後來在伯顏之侄脫脫的幫助下，元惠宗終於成功地廢黜了伯顏，並控制了政局。

蒙古統治階級內部卻在為爭權奪利而互相征戰，也加速了帝國的衰落。此外，由於元朝後期，蒙古統治者變本加厲向漢人收取各種名目繁雜的賦稅，漢人被壓迫得更為嚴重，導致了各地的起義。

西元一三五一年，元惠宗執政時，派賈魯治黃河，欲歸故道，動用民夫十五萬人，士兵兩萬人。而官吏乘機敲詐勒索，造成不滿。

於是，白蓮教首領韓山童、劉福通等人決定在五月率教眾發動起事，但事跡敗露，韓山童被捕殺，劉福通帶韓山童之子韓林兒殺出重圍，指韓山童為宋徽宗八世孫，打出「復宋」旗號，以紅巾為標誌。

其後，江淮地區的紅巾軍領袖郭子興等人也紛紛加入。彭和尚也在湖北扶助徐壽輝起義。至此揭開了大元滅亡的序幕。

蒙古政府派兵鎮壓各地紅巾軍，一度取得了很大的勝利。至西元一三五四年，脫脫率軍圍攻高郵起義軍張士誠部，被朝中彈劾，功虧一簣。

西元一三五六年至一三五九年，朱元璋繼承了病逝的郭子興的地位，並不斷擴充自己的勢力，擊敗陳友諒等其他南方起義軍和南方大元勢力，攻佔了江南的半壁江山。

西元一三六七年，朱元璋開始北伐。在大將徐達、常遇春等的協助下，於西元一三六八年八月攻克通州。

元惠宗於此前倉皇北逃，次年四月病死於應昌。徐達率軍攻陷元朝的首都元大都，代表著元朝作為一個全國性的政權結束。

歷史的腳步走到這裡，忽必烈傳下來的成吉思汗的嫡系黃金家族，對元朝政權的控制已經崩潰，殘餘勢力退回蒙古高原。從此以後，大蒙古帝國再也不曾復活。

元帝國為維護蒙古貴族的專制統治權，採用「民分四等」的政策，把全國人分為四等：一等蒙古人，二等色目人，三等漢人，四等南人。這一政策維護蒙古貴族的特權。

但元帝國在民族文化上包容和接納歐洲文化，甚至能準許歐洲人在帝國做官，通婚等。歐洲著名歷險家馬可·波羅曾是元帝國的重要官員。

元朝經濟整體生產力雖然不如宋朝，但在生產技術，墾田面積，糧食產量，水利興修以及棉花廣泛種植等方面都取得了重大發展。

為了適應商品交換，元朝建立起世界上最早的完全的紙幣流通制度，是中國歷史上第一個完全以紙幣作為流通貨幣的朝代，然而因濫發紙幣也造成通貨膨脹。商品交流也促進了元代交通業的發展，改善了陸路、漕運，內河與海路交通。

元朝在天文曆法方面也十分發達，先後在上都、大都、登封等處興建天文臺，設置回回司天監，還設立了遠達極北南海的二十七處天文觀測站。

元朝有名的天文學家有郭守敬等人。郭守敬等人修改曆法，主持編訂的《授時曆》，沿用了三百六十多年，這是人類曆法史上的一大進步。

元朝文學以元曲與小說為主，戲曲、小說第一次取得了主導地位。元曲興盛，最後成為與漢賦、唐詩、宋詞並稱的中國優秀文學遺產。江南則出現以浙江為中心的文人階層，孕育出《三國演義》和《水滸傳》等長篇小說，自由奔放的文人如倪瓚等人。

閱讀連結

元世祖忽必烈任用人才能拋開年齡、門第等成見，只要他認為有才能，就大膽錄用，破格提拔。

他大膽提拔人才，把十八歲的安童任命為丞相，這在大一統的王朝中，是絕無僅有的。

安童是元初「開國四傑」之首的木華黎的孫子，但安童一點也不願意倚仗著祖輩的功勞的蔭庇，而是樹立大志，勤奮學習。擔任丞相以後，安童一直身居要職，直至四十九歲因病去世，共為元世祖效力三十一年，為元初國家的穩定和繁榮作出了巨大的貢獻。

古往今來：歷代更替與王朝千秋

近世時期 王朝盛衰

近世時期 王朝盛衰

明清兩代是中國歷史上的近世時期。明清兩代的封建君主專制達到頂峰，統一多民族的形勢得到鞏固。

在明朝早期，國家保持著一支龐大的軍事力量，並且實施了一些有效的改革措施。但後期的宦官干政和官員怠政，引發了一系列社會矛盾。

清朝前期君臣保持了一個經營者的姿態，但從乾隆末年開始，衰像已經顯現。官員牟利，軍務廢弛，財政日虧，階級矛盾激化。在內憂外患之下，改革的新潮仍然不能力挽大廈於將傾。一個全新的時代到來了。

▌怠政干政毀掉的明朝

明朝是中國歷史上最後一個由漢族建立的封建王朝。西元一三六八年，由明太祖朱元璋建立，中國再次回歸到由漢族建立起來的的王朝，即明朝的統治之下。歷經十二世、十六位皇帝，共計兩百七十六年。西元一六四四年，李自成攻入北京，明思宗朱由檢於煤山自縊，明朝滅亡。

明朝是中國繼周朝、漢朝和唐朝之後的繁盛時代，史稱「治隆唐宋」、「遠邁漢唐」。明朝也曾是手工業、經濟最繁榮的國家之一。

明朝沒有漢唐之和親，沒有兩宋之歲幣，只可惜官員怠政，宦官干政，終使天子御於國門，君主死於社稷。

西元一三六八年正月初四，朱元璋在應天稱帝，建立明朝，改元洪武。明太祖稱帝後，派兵南下，相繼消滅了四川和雲南的對抗勢力，又派兵八次深入漠北追殲元朝殘餘勢力，取得多次勝利，最終在捕魚兒海滅亡北元朝廷。

明太祖即位後，為了發展經濟，積極恢復社會經濟生產，儘量減輕農民負擔，全面改革元朝留下的糟糕吏治，懲治貪汙的官吏，社會經濟得到恢復和發展，史稱「武之治」。太祖確立里甲制，配合賦役黃冊戶籍登記簿冊和魚鱗圖冊的施行，落實賦稅勞役的徵收及地方治安的維持。

西元一三七三年，明太祖下令改元朝御史臺為都察院，設有左右都御史、左右副都御史、左右僉都御史，下置十三按御史分巡各地，負責糾劾百司、辨明冤枉等。這一措施保證了各級官員對皇帝的絕對忠心和盡職。

西元一三七六年，明太祖宣布廢除行中書省，設承宣布政使司、都指揮使司和提州按察使司，分擔行中書省的職責，三機構互相制約，直屬皇帝領導。

西元一三八〇年，明太祖廢除丞相制，規定中央的政務分別由吏、戶、禮、兵、刑、工六部管理，每部設尚書一人，侍郎兩人。六部尚書直接對皇帝負責，奉行皇帝的意旨。

同年，明太祖還把最高的軍事機構大都督府分成前、後、左、中、右五軍都督府，各自統轄一部分軍隊，並規定都督府只管軍隊的管理和訓練，而軍隊的調遣和將帥的任免權，則由兵部掌握。

此外，軍中還有皇帝所派的御史或給事中監軍，直接代表皇帝監督軍務，向皇帝提供情報。

西元一三八七年，明太祖派軍進攻遼東，迫降元將納哈出。至此，除漠北草原和新疆等地外，明太祖基本上實現了統一大業。

西元一三九八年明太祖駕崩，由於太子朱標早死，由皇太孫朱允炆即位，年號建文，即明惠宗。

明惠帝為鞏固皇權，與親信大臣齊泰、黃子澄等密謀削藩。因以邊防為名調離燕王的精兵，準備削除燕王，結果燕王朱棣在姚廣孝的建議下以「清君側，靖內難」的名義起兵，最後率軍南下，佔領京師，是為靖難之役。

西元一四〇二年朱棣即位，即明成祖，年號永樂。明成祖時期武功昌盛。先是出擊安南，將安南納入明朝版圖，設立交趾布政司。之後又親自五入漠北，攻打北元分裂後的韃靼與瓦剌。

明成祖還於西元一四〇六年和一四二二年對兀良哈蒙古進行鎮壓，以維持這一地區的穩定。

明成祖為安撫東北女真各部，在歸附的海西女真與建州女真設置衛所，並派也失哈安撫位於黑龍江下游的野人女真。

西元一四〇七年，也失哈在混同江廟街的對岸塔林設置奴兒干都司，擴大明朝東疆，也失哈並於西元一四一三年視察庫頁島，宣示明朝對此地的主權。

　　明成祖一改明太祖閉關自守的外交策略，自西元一四〇五年開始派宦官鄭和下西洋，向各國交往、宣示威德以及建立朝貢體制。其規模空前，最遠到達東非索馬利亞地區，擴大明朝對南洋、西洋各國的影響力。

　　在文治方面，明成祖修大型類書《永樂大典》，在三年內即告完成。西元一四〇五年明成祖將北平改名北京，稱行在，並設立北平國子監等衙門。

　　西元一四一六年，明成祖公佈遷都的想法，得到認同，隔年開始大規模營造北京。西元一四二〇年宣告完工，隔年遷都。因為永樂年間天下大治，並且大力開拓海外交流，所以有學者將這段時期稱為「永樂盛世」。

　　成祖對異議者強力鎮壓，諸如黃子澄、齊泰等建文舊臣等都被殺。其中以方孝孺的誅十族最為慘烈。登基後恢復了太祖時期後來被廢除的錦衣衛，另外他還設置了另外一個特務組織東廠。至此，明代廠衛制度確立。

　　明成祖駕崩後，其長子朱高熾即位，即明仁宗，年號洪熙。明仁宗年齡已經偏高，即位僅一年就駕崩，長子朱瞻基即位，是為明宣宗，年號宣德。

　　明宣宗基本繼承父親的路線，實行德政治國，並且發起最後一次下西洋。由於明宣宗喜好養蟋蟀，許多官吏因此競相拍馬，被稱為「促織天子」。

　　同時，明宣宗打破明太祖留下的宦官不得干政的規矩，設立內書堂教宦官讀書，為明英宗時期的太監專權埋下隱患。

事實上，明朝滅亡主要是由於宦官干政，明朝的宦官勢力極為強悍，明太祖朱元璋在建國時就定下規矩：宦官不得干政！

　　但他的子孫竟然打破這個規矩，以至於使大明前期創下的輝煌偉業最後敗在了宦官手裡。當然，皇帝的昏庸也是重要原因。

　　西元一四三五年明宣宗去世，九歲的朱祁鎮繼位，即明英宗，年號正統。明英宗將明太祖留下的禁止宦官干政的敕命鐵牌撤下，對太監王振信任有加。王振擅權貪腐，家產計有金銀六十餘庫，其受賄程度可想而知。

　　西元一四三五年蒙古西部的瓦剌逐漸強大，經常在明朝邊境一帶生事。西元一四四九年瓦剌首領也先率軍南下伐明。王振慫使明英宗領兵二十萬御駕親征。大軍離燕京後，兵士乏糧勞頓。

　　八月初大軍才至大同。王振得報前線各路潰敗，懼不敢戰，又令返回。回師至土木堡，被瓦剌軍追上，士兵死傷過半，隨從大臣有五十餘人陣亡。

　　明英宗突圍不成後不幸被俘，王振為將軍樊忠所怒殺，史稱「土木堡之變」，是明朝由盛轉衰的一個轉折點。

　　兵部侍郎于謙擁戴明英宗弟朱祁鈺即位，即明代宗，年號景泰。于謙升任兵部尚書，整頓邊防積極備戰，同時決定堅守北京，隨後兩京、河南、山東等地勤王部隊陸續趕到。

　　瓦剌軍進擊北京城時，于謙率領各路明軍奮勇抗擊，屢次大破瓦剌軍，瓦剌軍撤退。明朝取得北京保衛戰的勝利，

近世時期　王朝盛衰

于謙力排眾議，加緊鞏固國防，拒絕求和，多次擊退瓦剌多次侵犯。

西元一四五〇年，瓦剌軍釋放明英宗。然而明代宗因為皇權問題，不願意接受明英宗。西元一四五七年，石亨、徐有貞、曹吉祥等人聯盟，欲擁戴明英宗復辟，就趁著明代宗重病之際發動兵變。明英宗復辟後，改元天順。略有新政，廢除自明太祖時殘酷的殉葬制度。

西元一四六四年明英宗去世後，朱見深即位，即明憲宗，年號成化。明憲宗口吃內向，因此很少廷見大臣，終日沉溺於似妻若母的萬貴妃，寵信宦官汪直、梁芳等人，晚年好方術。以至奸佞當權，西廠橫恣，朝綱敗壞，民不聊生。

西元一四八七年明憲宗去世，其子朱祐樘繼位，即明孝宗，年號弘治。明孝宗先是將明憲宗時期留下的一批奸佞冗官盡數罷去，逮捕治罪。並選賢舉能，將能臣委以重任。

明孝宗勤於政事，每日兩次視朝。明孝宗對宦官嚴加節制，錦衣衛與東廠也謹慎行事，用刑寬鬆。明孝宗力行節儉，不大興土木，減免稅賦。明孝宗的勵精圖治，使得弘治時期成為明朝中期以來形勢最好的時期，史稱「弘治中興」。

西元一五〇五年明孝宗去世，其子朱厚照即位，是為明武宗，年號正德。明武宗的荒遊逸樂，導致正德年間戰事頻生。他在泛舟取樂時落水染病，西元一五二一年駕崩。

明武宗駕崩後，明孝宗之侄、興獻王之子朱厚熜入嗣大統，是為明世宗，年號嘉靖。明世宗從西元一五三四年後即

不視朝，但仍悉知帝國事務，事無巨細仍出已斷。明世宗信奉道教，信用方士，在宮中日夜祈禱。

西元一五六六年明世宗駕崩，皇太子朱載垕即位，即明穆宗，年號隆慶，翌年為隆慶元年。在隆慶朝，名臣名將薈萃。朝廷的實際政務漸漸落到了張居正的手上。陸上與蒙古達成和議，史稱俺答封貢；海上開放民間貿易，史稱「慶開關」因為這兩項措施，明朝又重現中興氣象，史稱「慶新政」

明穆宗因中風駕崩後，年僅九歲的皇太子朱翊鈞繼位，即明神宗，改元萬曆。由於明神宗年幼，張居正輔政十年，推行改革。

內政方面，推行考成法，裁撤政府機構中的冗官冗員，整頓郵傳和銓政；經濟上，清丈全國土地，抑制豪強地主，改革賦役制度，推行一條鞭法，減輕農民負擔；軍事上，加強武備整頓，平定西南騷亂，重用抗倭名將戚繼光總督薊、昌、保三鎮練兵鎮守長城，使邊境安然。張居正還啟用潘季馴治埋黃河，變水患為水利。

張居正嚴懲貪官汙吏，裁汰冗員，但他自己本身也貪汙受賄。他還利用自己的職權讓自己的兒子順利透過科舉進入翰林院。張居正死後立刻被反對改革的政敵清算。張府一些來不及退出的人被囚禁於內，餓死十餘口人。生前官爵也被剝奪。

西元一五八七年後，明神宗就開始連續不上朝，整日思索大興土木，籌建自己的陵園，還派太監為礦監和稅監搜刮民間財產。由於神宗不理朝政，缺官現象非常嚴重。

　　皇帝委頓於上，百官黨爭於下，明廷完全陷入空轉之中。官僚隊伍中黨派林立，互相傾軋，如東林黨、宣黨、昆黨、齊黨、浙黨等名目眾多，但其所議議題卻不是如何改良朝政，只是人事布局而已。

　　在軍事方面，以萬曆年間三大戰事最為功勛卓著，但損兵折將極大。西元一六一七年後，後金努爾哈赤以「七大恨」反明。

　　西元一六一九年，明神宗去世。其長子朱常洛登基是為明光宗，光宗僅在位一個月，便因服用李可灼的紅丸猝死，時年三十九歲。

　　明熹宗在位期間，早期大量啟用東林黨人，結果導致東林黨與其他黨鬥爭不斷，明熹宗也因此對朝政失去了耐心，魏忠賢借此機會干預政治，政治更加腐敗黑暗。

　　在當時，東北方的後金逐步佔領遼東地區。西元一六二六年，努爾哈赤率軍攻打寧遠，明軍在袁崇煥的指揮下憑藉堅城固守抗敵，最終擊敗後金軍，並擊傷努爾哈赤，史稱「寧遠大捷」。不久後，努爾哈赤死去，其子皇太極即位。

　　西元一六二七年明熹宗不慎落水病重，不久去世。其五弟朱由檢繼位，即明思宗，年號崇禎。

　　明思宗即位後，銳意剷除魏忠賢的勢力以改革朝政。他下令停建生祠，逼奉聖夫人客氏移居宮外，最後押到浣衣局處死。下令魏忠賢去鳳陽守陵，魏忠賢於途中與黨羽李朝欽一起自縊，明思宗將其首級懸於河間老家，閹黨其他分子也被貶黜或處死。

然而黨爭內鬥激烈，明思宗不信任百官，他剛愎自用，加強集權。

　　西元一六二九年，皇太極改採繞道長城入侵北京，袁崇煥緊急回軍與皇太極對峙於北京廣渠門。經六部九卿會審，最後殺袁崇煥，史稱「己巳之變」。

　　其後，皇太極多番遠征蒙古，終於在六年後徹底擊敗林丹汗，次年在盛京稱帝，改國號為大清，並且五次經長城入侵明朝直隸、山東等地區，史稱清兵入塞。

　　當時直隸連年災荒疫疾，民不聊生。遼西局勢也日益惡化，清軍多次與明軍作戰，最後於西元一六四〇年佔領錦州等地，明軍主力洪承疇等人投降，明朝勢力退縮至山海關。

　　崇禎時期本身朝政混亂與官員貪汙昏庸，又因與後金的戰爭帶來大量遼餉的需求和清兵的掠奪等，這些都加重明朝百姓的負擔，明朝中期之後時常發生農民起事。

　　西元一六二七年，陝西澄城饑民暴動，拉開了明末民變的序幕，隨後王自用、高迎祥、李自成、張獻忠等農民起事，最後發展成雄踞陝西、河南的李自成與先後佔領湖廣、四川的張獻忠兩大起義軍。

　　西元一六四四年三月，李自成率軍北伐攻陷大同、宣府、居庸關，最後攻克北京。明思宗朱由檢在煤山自縊，明朝作為統一國家結束。

　　明朝無論是在冶鐵、造船、建築等重工業上，還是在絲綢、紡織、瓷器、印刷等輕工業上，在世界上都享有盛譽。

明朝以較短的時間完成了宋朝手工業從官營到私營的演變，而且變化得更為徹底。

迄至明朝後期，除了鹽業等少數幾個行業還在實行以商人為主體的鹽引制外，一些手工業都擺脫了官府的控制，成為民間手工業。

晚明時中國民間私營經濟力量遠比同期西方強大，當英國商人手工場業主擁有幾萬英鎊已算巨富時，明朝民間商人和資本家動用幾百萬兩的銀子進行貿易和生產已經是很尋常。

鄭芝龍海上貿易集團的經濟實力達到每年收入數千萬兩白銀，當時荷蘭的東印度公司根本無法與之相抗衡。

明代中後期，農產品呈現糧食生產的專業化、商業化趨勢。

江南廣東一大片原來產糧區由於大半甚至八九成都用來生產棉花甘蔗等經濟作物而成為糧食進口區，其他一些地方則靠供給糧食成為商品糧食出口區。

哲學思想上，哲學家開始更多地思考現實問題與政治改良。如王陽明繼承陸九淵的「心學」並發揚光大，他的思想強調「致良知」及「知行合一」，並且肯定人的主體性地位，將「人」的主動性放在學說的重心。

文學方面，中國小說史上的四大名著中的《西遊記》、《水滸傳》、《三國演義》與《金瓶梅》就是出於明朝。

在明代除了小說以外，戲曲、書法、詩文和繪畫也有豐碩成果。比如湯顯祖的戲曲《牡丹亭》，祝允明、文徵明、王寵與唐寅的書法，詩文方面的「臺閣體」、「唐宋派」和「公安派」，畫壇上的「吳門四大家」，以及徐渭的潑墨花卉和以董其昌代表的松江派等。

明朝的科技成果有很多，包括各個方面。有徐光啟與利瑪竇開始合譯的《幾何原本》，有宋應星的《天工開物》，還有李時珍著《本草綱目》，徐光啟撰《農政全書》，徐霞客的《徐霞客遊記》等。

明朝疆域最廣的時侯，東北抵日本海、鄂霍次克海、兀的河，即今烏第河流域，西北至新疆哈密，西南包有今西藏、雲南，東南到海並及於海外諸島。

明朝的外交為中國走向世界作出了貢獻。為宣揚國威，加強與海外諸國的聯繫，明成祖派鄭和出使西洋。從西元一四〇五年至一四三三年，鄭和七次航海，訪問過亞非三十多個國家和地區，最遠到達紅海沿岸和非洲東海岸地區。又派遣吏部驗封司員外郎陳子魯出使撒馬兒罕、吐魯番、火州等西域十八國，加強了明朝同世界各國的經濟政治上的往來。

閱讀連結

明太祖朱元璋的大臣宋濂在家設宴，第二天上朝時，明太祖問他請了哪些人飲了哪種酒。宋濂如實回稟，跟朱元璋知道的一樣，就誇獎他老實，不講假話。

大臣宋訥因公務繁雜，回到家中悶悶不樂。第二天上朝時，朱元璋問他：「你昨晚生什麼氣呀？」

宋訥據實說了。

朱元璋扔下一張畫像，告訴他，昨天他生氣的時候，錦衣衛的人無法稟報，只得把他生氣的模樣畫了下來送進了皇宮。

宋訥一看，嚇得趕快匍匐在地，叩頭請罪。

君主制頂峰的清朝

清朝由滿族統治者建立。西元一六一六年，努爾哈赤稱汗，國號大金，西元一六三六年，皇太極改國號為大清。西元一九一一年，辛亥革命爆發，清朝統治瓦解，從此結束了中國兩千多年來的封建帝制。西元一九一二年，清帝被迫退位。清朝從後金建立開始算起，歷經十二帝，共計兩百九十六年。

清朝前期，統一多民族國家得到鞏固，基本上奠定了中國版圖，鼎盛時領土達一千三百萬平方公里。同時君主專制發展到頂峰。

清朝是中國歷史上第二個由少數民族建立的統一政權，也是中國最後一個封建帝制國家，對中國歷史產生了深遠影響。

西元一六一六年，努爾哈赤在赫圖阿拉自立為汗，國號大金，史稱「後金」。在此前的西元一五八三年，他曾經以上輩遺留的十三鎧甲做最初的裝備，相繼兼併海西女真部，征服東海女真部，統一了女真各部。

然後構築城池，設置大臣，制訂法律，受理訴訟，並建立八旗制度，鞏固了自己的統治地位。

　　西元一六一八年，努爾哈赤公開反叛明朝政府，明朝舉國震驚。一六一九年，明朝在薩爾滸之戰慘敗，幾年間喪失遼東七十餘城。後來相繼攻佔遼陽、瀋陽，首次遷都於遼陽，其後又遷都於瀋陽。瀋陽由此成為後金政權的統治中心。

　　西元一六二六年，努爾哈赤在寧遠戰役中被明軍大砲打傷，不久去世。他的第八子皇太極繼位。皇太極繼續對明朝展開攻勢，並聯合蒙古各部，勢力不斷擴大。

　　西元一六三五年，皇太極廢除舊有族名「諸申」，也就是女真，定族名為「滿洲」。

　　西元一六三六年，皇太極稱帝，改努爾哈赤時的大金國號為「大清」，正式建立清朝，改年號為崇德。皇太極就是清太宗。

　　西元一六四〇年，明清兩軍的松錦之戰爆發，結果明將洪承疇在松山被俘，另一員明將祖大壽在錦州投降。松錦之戰代表著明朝在遼東防禦體系的完全崩潰，在關外只剩下寧遠一座孤城。

　　西元一六四三年農曆八月初九，五十二歲的皇太極猝死於瀋陽後宮。皇太極的第九子福臨即位，年號順治。福臨是清朝第三位皇帝清世祖。

　　西元一六四四年，明朝崇禎帝在農民軍的攻城炮聲中自縊。駐守山海關的明將吳三桂見明朝形勢急轉直下，就向清軍投降。清攝政王多爾袞趁機指揮八旗勁旅，兼程入關，以

吳三桂為前導，進佔北京。同年，清世祖遷都北京，祭告天地祖宗，表示他已是全中國的君主。

清朝入關後，剿殺農民軍，剷除明朝殘餘勢力。西元一六五九年，清軍佔領西南地區。並遷移湖廣人口填川，以補充勞動力的不足。歷經二十多年的戰爭，清朝基本統一全國。

西元一六六二年，康熙帝八歲即位。在位期間，平定了「三藩之亂」，平定臺灣鄭氏政權，設立臺灣府。他還在西元一六八五年和一六八六年，命令清軍兩次進攻盤踞雅克薩的俄軍，遏制了沙俄對華侵略的野心；西元一六八九年，他派代表與沙俄代表簽訂了《尼布楚條約》，劃定了中俄東部邊界線。此外，還平定了回疆、準噶爾等反動貴族的叛亂。康熙帝鞏固和加強了中國的統一。

自康熙時期至十九世紀中期，中國在北起外興安嶺，南至南沙群島的曾母暗沙，西起巴爾喀什湖和帕米爾高原，東抵鄂霍次克海、庫頁島和臺灣廣大而神聖的領土內，實現鞏固了全國的統一，加強了中央集權，成為當時世界上強大的國家。

康熙帝注意恢復和發展生產，採取了一系列有利於社會經濟恢復和發展的措施。

西元一六六九年，康熙下令廢除圈地令，以後永遠停止圈地，並規定所圈土地應退還給農民。後來又規定民間新墾田畝，「自後永不許圈」，從而在一定程度上限制了貴族旗主的經濟擴張，有利於自耕農民。

康熙還下令將明朝藩王的莊田改為「更名田」。康熙鼓勵墾荒，從西元一六七一年起，陸續放寬墾荒起科年限，並規定墾荒有成績，據開墾多少，給予不同官職，這促進了墾荒的積極性，到康熙末年，全國荒地基本上得到開闢。

　　康熙適應了歷史發展的需要，進行一系列統一戰爭，使局勢趨向穩定，清政府大為鞏固，又透過一系列的文治，促進了經濟、文化的發展，使人民過上了太平生活。

　　康熙中期以後，因戰亂而遭到嚴重破壞的手工業逐步得到恢復和發展。至乾隆年間，江寧、蘇州、杭州、佛山、廣州等地的絲織業都很發達。江南的棉織業、景德鎮的瓷器都達到了歷史高峰。至十八世紀中葉，清朝人口也大大增加。

　　西元一七二三年，雍正帝盛年登基，在位十三年。他平定了青海親王羅卜藏丹津叛亂，在西寧與拉薩分置辦事大臣與駐藏大臣以管理青藏地區。

　　西元一七二七年，與沙俄簽訂《恰克圖條約》，確立塞北疆界。

　　雍正帝對許多的事情做作了重大的改革，特別是對一些制度方面作了些改革。雍正起了「康雍乾」三代承上啟下的作用。

　　這些改革措施可謂大刀闊斧，快刀斬麻：

　　一是整頓吏治。雍正帝雷厲風行地連續頒布十一道諭旨，訓諭各級文武官員。

　　二是完善密摺制度。皇帝特許的官員才有資格上奏摺。

　　三是設軍機處。雍正創設軍機處，作為輔助皇帝決策與行政的機構。

　　四是全面實行「改土歸流」制度。

　　五是攤丁入地。

　　六是廢除賤籍，緩和階級矛盾。

　　西元一七三六年，二十五歲的弘曆登基，這就是乾隆帝。他執政六十年，在文治武功方面都有建樹，為鞏固中國統一的多民族國家，發展清朝康乾盛世局面作出了重要貢獻，確為一代有為之君。

　　乾隆帝於西元一七五七年粉碎了準噶爾貴族割據勢力，統一天山北路。

　　西元一七五九年平定天山南路的大小和卓叛亂；西元一七六二年，清朝設伊犁將軍，統管包括巴爾喀什湖在內的整個新疆地區。自從西元一七六二年起，清朝陸續派遣大批軍隊進駐新疆。永久駐軍的官兵攜帶家眷，主要來自東北、河北等地的達斡爾族、滿族等。這些駐軍為保衛中國、開發邊陲作出了重大貢獻。

　　西元一七九二年，清朝打退了廓爾喀對西藏的進犯。西元一七九三年，清朝中央政府制訂和頒行了《欽定藏內善後章程二十九條》，對西藏地方的人事、行政、財政、軍事、對外關係等各方面作了明確規定，並以法律形式予以確定。該章程是中國對西藏行使主權的重要歷史文獻證明。

在「康乾盛世」時，社會經濟發展非常快。首先是耕地面積迅速增加，至雍正時達到九億多畝，恢復並超過了明朝萬曆時期。加上農業技術的發展，單位面積產量的提高，使全國糧食總產量大大增加，中國人口在「康乾盛世」時突破了三億大關。

清朝從乾隆末年開始有衰落的現象，政治日漸腐敗。嘉慶帝和道光帝也失去了早期君主銳意進取的精神，掌政風格日趨保守和僵化。官場中結黨營私，相互傾軋，賣官鬻爵，賄賂成風的現象非常突出。

在軍隊裡，裝備陳舊，操練不勤，營務廢弛，紀律敗壞。在財政上，國庫日益虧空，入不敷出。階級矛盾激化，相繼爆發白蓮教和天理教等農民起義。

西元一八三九年，道光帝為解決鴉片貿易的弊端，派林則徐到貿易中心廣州宣布禁煙，此即虎門銷煙。

西元一八四○年，英國悍然發動了侵略中國的鴉片戰爭。

西元一八四一年，清朝政府戰敗，被迫求和。

西元一八四二年，清政府被迫同英國侵略者簽訂了中國近代史上第一個不平等條約《南京條約》。

西方各國迫使清政府開港通商，加上地方官吏地主兼併土地，使得傳統農村經濟受到破壞。各地乘機紛紛起事，其中華北以捻軍為主，華中華南以洪秀全的太平天國與雲南杜文秀、馬如龍的雲南回變為主。

古往今來：歷代更替與王朝千秋

近世時期 王朝盛衰

　　西元一八五六年，英國藉口「亞羅號事件」、法國藉口「馬神甫事件」共同發動了侵略中國的第二次鴉片戰爭。

　　西元一八六〇年，英法聯軍相繼強迫清政府簽訂《天津條約》和《北京條約》。俄羅斯趁火打劫，從一八五〇年代至八〇年代，侵吞中國北方一百五十多萬平方公里領土。根據不平等條約，中國喪失大量領土、主權和財富，中國半殖民地半封建社會程度大大加深。

　　西元一八六一年，咸豐帝去世，其六歲之子載淳繼位，即同治帝。咸豐帝本任命肅順等八大臣贊襄政務，兩宮太后與恭親王奕訢發動辛酉政變，兩宮垂簾聽政，最後由兩宮之一的慈禧太后獲得實權。

　　在當時，奕訢與曾國藩、李鴻章、左宗棠和張之洞等部分漢臣，在消滅太平軍時認識到西方的船堅炮利，並且鑒於兩次鴉片戰爭的失敗，以「師夷長技以制夷」、中體西用為方針展開自強運動，又稱「洋務運動」。

　　先後引入國外科學技術，建立現代銀行體系、現代郵政體系、鋪設鐵路、架設電報網；培訓技術人才並派遣留學生到歐美日等先進工業國家，培育出唐紹儀與詹天佑等人才；開設礦業、建立輪船招商局、江南製造總局與漢陽兵工廠等製造工廠與兵工廠，同時也建立新式陸軍與北洋艦隊等海軍。

　　洋務運動使得清朝的國力有了一定程度的恢復和增強，到慈禧太后與恭親王聯合執政的同治年間，清朝在文武齊心合力之下，一度出現了較安定的局面，史稱「同治中興」。在國際上的地位和形象也因此有了相當大的改善。

至西元一八八〇年代，清朝軍隊的裝備和洋務運動之前相比已有了明顯的提高；在西元一八八四年至一八八五年中法戰爭期間的一系列戰役中，清軍和法軍互有勝負。戰後，清朝設立了海軍衙門。

對外方面，西元一八八四年，清朝和法國為越南也就是安南主權爆發了中法戰爭。清朝失去了藩屬國越南，越南成為法國殖民地，臺灣也宣布建省。

西元一八八五四年英國入侵緬甸，清朝駐英公使曾紀澤向英國抗議無效，隔年被迫簽訂《中英緬甸條約》，承認緬甸為英國所有。

日本在明治維新後國力大增，西元一八七二年日本強迫清朝藩國琉球改屬日本，清朝拒絕承認，中日交惡。西元一八九四年中日甲午戰爭爆發，最後以清軍落敗而告終。

清政府於西元一八九五年與日本簽訂《馬關條約》。清朝割讓臺灣和澎湖，失去藩屬國朝鮮和租界。洋務派李鴻章建立的北洋艦隊全面瓦解，也宣告自強運動最終失敗。

隨後，由光緒帝與梁啟超和康有為領導發動的政治改革運動，又因為慈禧太后和保守派的反對，而軟禁了光緒帝，變法因此失敗，因為只有一百〇三天，因此又稱為「百日維新」。

西元一九〇〇年，八國聯軍入侵北京。西元一九〇一年簽訂了喪權辱國的《辛丑條約》。清朝於八國聯軍入侵後國勢大墜，知識分子莫不提出各種方法拯救中國，主要分成立憲派與革命派兩種改革路線。

革命派希望推翻清朝，建立中華共和。西元一八九四年孫文於夏威夷檀香山建立興中會，西元一九〇四年黃興於長沙成立的華興會，西元一九〇四年蔡元培於上海成立光復會，此外還有其他革命團體。

西元一九〇五年，孫文在日本聯合興中會、華興會、光復會，成立中國同盟會，並提出「驅除韃虜、恢復中華、創立民國、平均地權」綱領。

西元一九〇七年，清政府籌設資政院，預備立憲，並籌備在各省開辦諮議局。西元一九〇八年七月頒布《各省諮議局章程及議員選舉章程》，命令各省在一年之內成立諮議局。同年頒布《欽定憲法大綱》，以確立君主立憲制政體，成立代議會。

在立憲派成員的請願下，清政府宣布把預備立憲縮短三年，預定在西元一九一三年召開國會。同年光緒帝與慈禧太后皆去世，溥儀繼位，即宣統帝，其父載灃擔任監國攝政王。

一九一一年五月，清政府組成由慶親王奕劻領導的「責任內閣」，這是中國歷史上首次君主立憲。不過，該內閣中的很多成員為皇族身分，故被稱為「皇族內閣」，引發立憲派的不滿和失望，很多轉向與革命派合作。

在清政府組成「責任內閣」的同時，四川等地爆發保路運動，清政府急派新軍入川鎮壓。

同年十月，革命派於湖北發起武昌起義，南方各省隨後紛紛宣布獨立。

清政府任命北洋新軍統帥袁世凱為內閣總理大臣，成立內閣並統領清軍。袁世凱一方面於陽夏戰爭壓迫革命軍，另一方面卻暗中與革命黨人談判，形成南北議和。

一九一二年二月十二日，宣統帝溥儀頒布退位詔書，清朝滅亡，代表著中國兩千多年來的君主制度正式結束。自此之後，中國進入了民主時期。

清朝採取開墾荒地、移民邊區及推廣新作物以提高生產量。由於國內與國外的貿易提升，經濟農業也相對發達。手工業方面，改工匠的徭役製為代稅役制。產業以紡織和瓷器業為重，棉織業超越絲織業，瓷器以琺琅畫在瓷胎上，江西景德鎮為瓷器中心。

清朝商業發達，分成十大商幫。其中晉商、徽商支配中國的金融業，閩商、潮商掌握海外貿易。清朝曾實施海禁政策，直至收回臺灣後，沿海貿易才稍為活絡。貨幣方面採銀銅雙本位制。康熙晚期為防止民變，推行禁礦政策，在一定程度上阻礙工商業的發展。

清朝的科技在醫學、地理、建築、農學、鐵路取得的成果顯著。清代名醫王清任在醫學上有突出的成就，著有《醫林改錯》一書。康熙時製成了《皇輿全覽圖》，在世界上處於領先地位。

清代的園林建築在世界上享有盛名。如北京西郊的圓明園，著名的還有承德的避暑山莊和外八廟，北京的雍和宮等。清代的農書約有一百多部。清朝末年，中國的交通事業有所

發展。詹天佑是中國第一位傑出的鐵路工程師，他主持修建的京張鐵路工程之艱巨是當時世界鐵路史上罕見的。

　　清朝的文化事業成功輝煌。清朝小說傑出者眾，曹雪芹著《紅樓夢》被認為代表著中國古典小說最高水平。《聊齋志異》、《儒林外史》和晚清譴責小說均有很大影響。

　　清朝的京劇源於明朝的崑曲和京腔，形成於乾隆、嘉慶年間。京劇是中國的「國粹」。

　　清代的繪畫水準很高。清初朱耷、石濤的山水花鳥畫，中期的「揚州八怪」，清末任伯年，吳昌碩的仕女花鳥畫及楊柳青、桃花塢和民間年畫均對後人有很大影響。

閱讀連結

　　努爾哈赤一生幾次危險都是逢凶化吉，遇難呈祥。

　　有一次，他來到吉林長白山，在深山老林，經常遇到野獸的威脅。於是，他每天手中都拿著一根索撥棍，走到哪裡帶到哪裡，形影不離。

　　據說這根索撥棍，幫助他渡過不少難關，一遇到困難，他就用索撥棍祭天，請天公保佑。

　　努爾哈赤當政後，為了不忘過去在長白山受的苦，就在瀋陽故宮的清寧宮前立了一根索倫桿子。後來滿族人家大門左側都立有索倫桿子，求天保佑平安。

　　這就是滿族立索倫桿子的來由。

國家圖書館出版品預行編目（CIP）資料

古往今來：歷代更替與王朝千秋 / 鐘雙德 編著 . -- 第一版 .
-- 臺北市：崧燁文化，2020.03
　　面；　公分
POD 版

ISBN 978-986-516-118-7(平裝)

1. 中國史

610.4　　　　　　　　　　　　　108018520

書　　名：古往今來：歷代更替與王朝千秋

作　　者：鐘雙德 編著

發 行 人：黃振庭

出 版 者：崧燁文化事業有限公司

發 行 者：崧燁文化事業有限公司

E - m a i l：sonbookservice@gmail.com

粉 絲 頁：　　　　　　網 址：

地　　址：台北市中正區重慶南路一段六十一號八樓 815 室

8F.-815, No.61, Sec. 1, Chongqing S. Rd., Zhongzheng

Dist., Taipei City 100, Taiwan (R.O.C.)

電　　話：(02)2370-3310 傳　真：(02) 2388-1990

總 經 銷：紅螞蟻圖書有限公司

地　　址：台北市內湖區舊宗路二段 121 巷 19 號

電　　話:02-2795-3656 傳真:02-2795-4100　　網址：

印　　刷：京峯彩色印刷有限公司（京峰數位）

　　本書版權為現代出版社所有授權崧博出版事業有限公司獨家發行電子書及繁體
　　書繁體字版。若有其他相關權利及授權需求請與本公司聯繫。

定　　價：200 元

發行日期：2020 年 03 月第一版

◎ 本書以 POD 印製發行

獨家贈品

親愛的讀者歡迎您選購到您喜愛的書，為了感謝您，我們提供了一份禮品，爽讀 app 的電子書無償使用三個月，近萬本書免費提供您享受閱讀的樂趣。

ios系統

安卓系統

READERKUTRA86NWK

ios 系統　　　　安卓系統　　　　讀者贈品

請先依照自己的手機型號掃描安裝 APP 註冊，再掃描「讀者贈品」，複製優惠碼至 APP 內兌換

優惠碼（兌換期限 2025/12/30）
READERKUTRA86NWK

爽讀 APP

📖 多元書種、萬卷書籍，電子書飽讀服務引領閱讀新浪潮！

🎧 AI 語音助您閱讀，萬本好書任您挑選

🔍 領取限時優惠碼，三個月沉浸在書海中

🔔 固定月費無限暢讀，輕鬆打造專屬閱讀時光

不用留下個人資料，只需行動電話認證，不會有任何騷擾或詐騙電話。